わからないを わかるにかえる

中学国語 古文・漢文 1〜3年

BUNRI

もくじ contents

4 古文パターン別読解（3）

5 漢文入門編

6 漢文パターン別読解

イラスト：artbox，峰村友美，イケウチリリー，のはらあこ，広野りお，WOODY

この本の特色と使い方

1 あらすじマンガで流れをつかみやすい！

古文でかくにん→まんがでつかもう

次のページに**話の続き**がのっているよ！

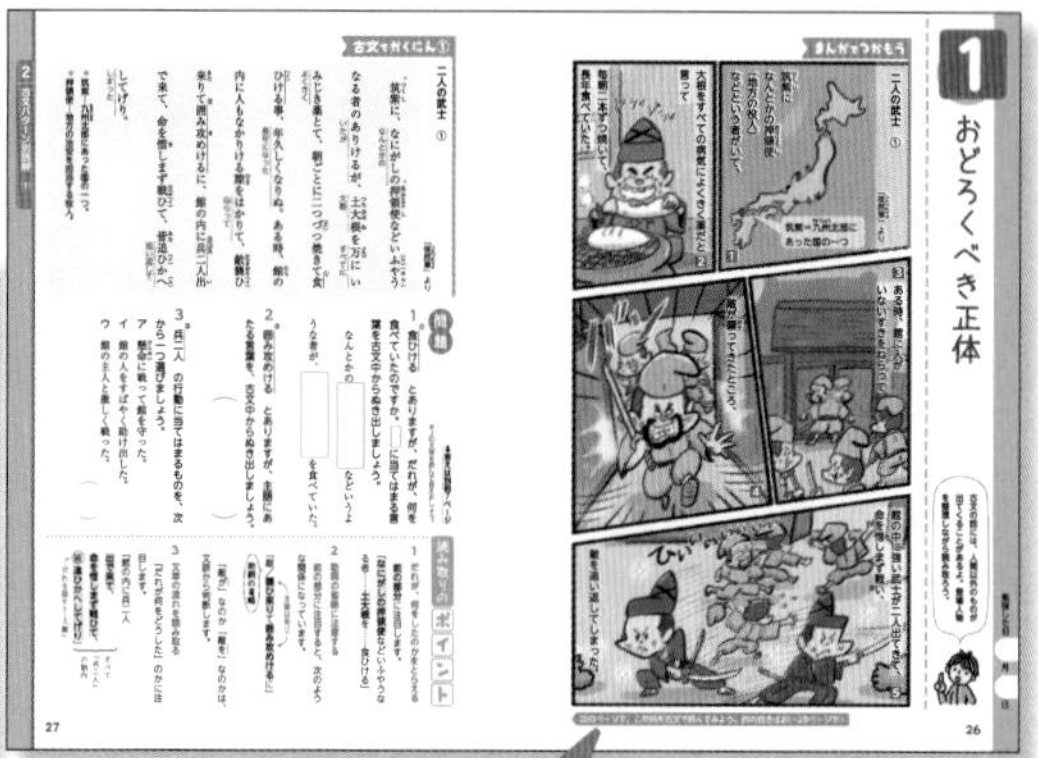

まんがでつかもう→古文でかくにん

古典を**マンガで読んで**流れをつかもう！

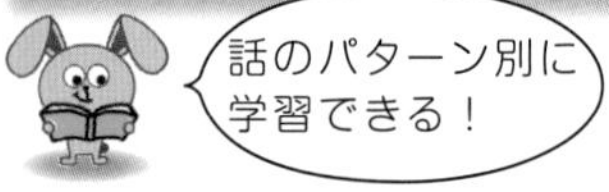

話のパターン別に学習できる！

2 練習をくり返すことで、古典でよく出る問題形式を学べる！

文章を読むうえでおさえておきたい**ポイント**を解説！

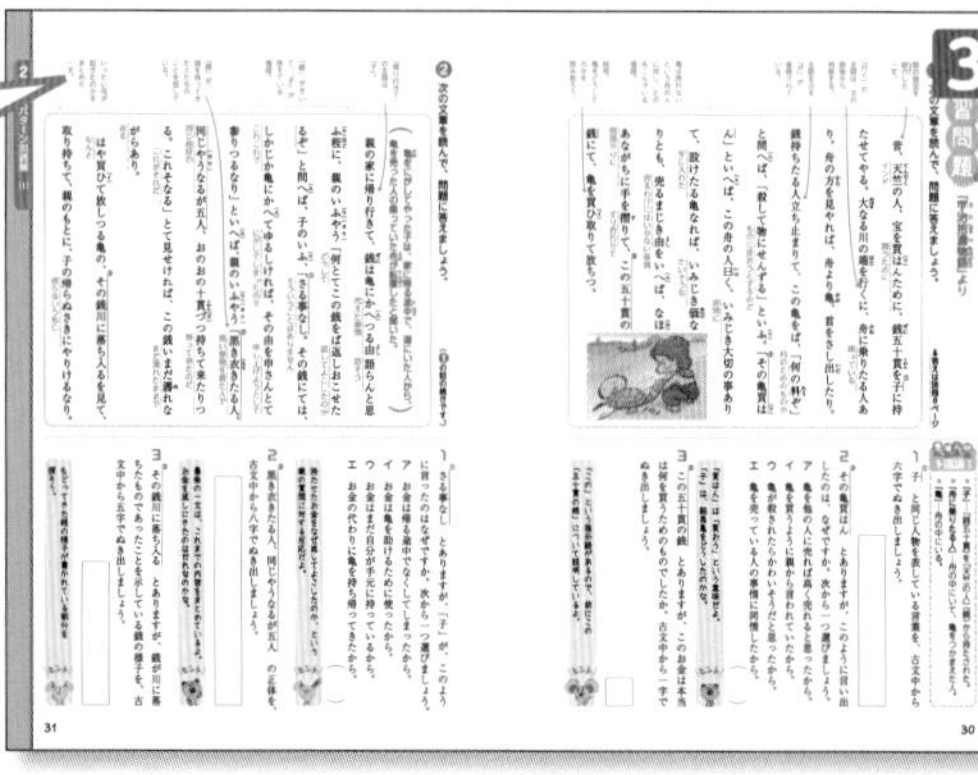

練習問題

学習したことを**問題を解いて確認**（かくにん）！

実力アップ！

- 単元のまとまりごとに、**まとめのテスト**があります。
- 古文・漢文それぞれの入門ページで、基礎（きそ）も学べます。
- すべての古文・漢文に、現代語訳が付いています。

付録の「ミニブック」で知識を整理！

空き時間に確認できる！

はじめ　ふたば　さんた　よしこ

1 古文入門編

何を読んでいるの？
『百人一首』という、和歌を集めた本だよ。
花の色は
うつりにけりな
いたづらに
わが身世にふる
ながめせし間に
私はこの和歌が好き。「いたづらに」は現代仮名遣いでは「いたずらに」って書くよ。
古文の基礎知識をおさえると、この和歌や、ほかの作品もよくわかるようになるよ。
ちなみに、「いたづらに」は、現代の「いたずら」とはちがう意味があって……。
花にいたずらなんてさせないぞ！　ぼくが守る！
ちがうんだってば！
古文の「いたづらに」は、「むなしく」って意味なの！

1 歴史的仮名遣い（かなづかい）・古文の言葉

お役立ちミニブック2・8～11ページ

古文で使われる「歴史的仮名遣い」は、平安時代中ごろ以前の表記がもとになっているんだよ。

勉強した日　月　日

要点はここ

1 歴史的仮名遣い（かなづかい）

▼古文で使われる「歴史的仮名遣い」は、次のように現代仮名遣いに直します。

歴史的仮名遣い	現代仮名遣い	例
（語頭・助詞以外の）は・ひ・ふ・へ・ほ	わ・い・う・え・お	あはれ→あわれ
ぢ・づ	じ・ず	ふぢ→ふじ（藤）
ゐ・ゑ・を	い・え・お	こゑ→こえ（声）
アウ（アフ）の音	オウの音	かうし→こうし（格子）
イウ（イフ）の音	ユウの音	ちう→ちゅう（中）
エウ（エフ）の音	ヨウの音	けふ→きょう（今日）
くわ・ぐわ	か・が	くわい→かい（会）
む	ん	なむ→なん

語頭の「は・ひ・ふ・へ・ほ」は直さないので要注意だよ！
例「ほたる」「ふぢ」など

2 古文の言葉

▼古文の言葉には、次のようなものがあります。

①現代では使われない言葉

例
- いと……意とても。たいそう。
- やうやう……意だんだん。しだいに。
- さらなり……意言うまでもない。

②現代語と意味のちがう言葉

例
- なほ……意まだ。やはり。
- あはれなり……意しみじみとした趣（おもむき）がある。
- うつくし……意かわいらしい。
- 心もとなし……意じれったい。
- をかし……意趣がある。興味がひかれる。

例題　——線Aを現代語に直しましょう。また、——線Bを現代仮名遣い（かなづかい）に直しましょう。

・夏は夜。月のころはさらなり(A)、闇（やみ）もなほ(B)、蛍（ほたる）の多く飛びちがひたる。

A（　　　　）　B（　　　　）

練習問題

＊次の文章を読んで、問題に答えましょう。

「竹取物語（たけとりものがたり）」より

⬇答えは別冊2ページ

今は昔、竹取（たけとり）の翁（おきな）といふ（A）ものありけり。野山にまじりて竹を取りつつ、よろづ（B）のことに使ひ（イ）けり。名をば、さぬきのみやつことなむ（コ）いひ（イ）ける。

今ではもう昔のことだが、竹取の翁と□者がいた。野山に分け入って竹を取っては、いろいろなことに使っていた。名前を、さぬきのみやつこといった。

その竹の中に、もと光る竹なむ一筋ありける。あやしがりて、寄りて見るに、筒（つつ）の中光りたり。それを見れば、三寸＊ばかりなる人、いとうつくしう（シュウ）てゐ（イ）たり。

（ある日のこと、）その竹林の中に、根元の光る竹が一本あった。不思議に思って、近寄って見ると、筒の中が光っている。それを見ると、三寸ほどの人が、とても□座っている。

＊三寸…約九センチメートル。

---

1 〰〰線A・Bを現代仮名遣い（かなづかい）に直し、すべて平仮名で書きましょう。

A（　　　　）　B（　　　　）

ヒント　語頭以外の「ふ」は「う」に、「づ」は「ず」に直すよ。

2 □の範囲（はんい）から、「とても」という意味の二字の言葉をぬき出しましょう。

□□

ヒント　現代では使われない言葉だよ。

3 うつくしうて　の意味を次から一つ選びましょう。

ア　きれいな様子で

イ　かわいらしい様子で

ウ　上品な様子で

（　　）

ヒント　「うつくし」は、現代語とは意味がちがうので注意しよう。

ポイント解説

1　まずは要点❶の表にしたがって、現代仮名遣いに直せるところがあるか確認（かくにん）してみよう。

2・3　よく出てくる古語の意味は、お役立ちミニブックで覚えておこう。

例題の答え　A　言うまでもない　B　なお

2 係り結び・古文の表現

お役立ちミニブック3〜6ページ

省略された助詞や主語を補いながら読むと、内容がよくわかるよ。

勉強した日　　月　　日

要点はここ

1 係り結び

▼「係り結び」とは、文中に係りの助詞（ぞ・なむ・や・か・こそ）があるとき、文末を決まった活用形で結ぶというきまりです。

係りの助詞	結びの活用形	意味	例
ぞ・なむ	連体形	強調	雪ぞふりける。 意 雪がふった。
や・か	連体形	疑問 反語	心やりにやあらん。 意 気晴らしだろうか。
こそ	已然（いぜん）形	強調	名こそ惜（を）しけれ。 意 評判が惜しいことだ。

古文独特の活用形

反語は、「〜だろうか（、いや、〜ではない）。」という意味を表すよ。

例題① 係り結びがあるほうを選びましょう。

ア　船のかぢをなむ（ン）追（せ）めて見る。

イ　海の上に漂（ただよ）へ（エ）る山、いと大きにてあり。

（　　）

2 古文の表現

❶古文では、助詞・主語が省略されることがよくあります。

・与一、（は：助詞が省略されている）かぶらを取ってつがひ（イ）、……ひやうど（ヒョウ）放つ。（述語）

・扇（あふぎ）は空へぞ上がりける。（扇は：主語が省略されている）しばしは虚空（こくう）にひらめきける……（述語）

❷古文特有の助詞・助動詞も覚えておきましょう。

①主語を表す助詞「の」。

例 夕顔の白く見えて＝夕顔が白く見えて

②助動詞「けり」「たり」。

	意味	例
けり	過去（〜た。）	ありけり。 意 あった。
たり	完了（かんりょう）（〜た。） 存続（〜ている。）	筒（つつ）の中光りたり。 意 筒の中が光っている。

例題② 〰〰が主語を表す「の」であるほうを選びましょう。

ア　その山のさま、高くうるはし（ワ）

イ　船の行（ゆ）くにまかせて、海に漂ひ（イ）て、

（　　）

練習問題

次の文章を読んで、問題に答えましょう。「枕草子（まくらのそうし）」より

➡答えは別冊2ページ

＊九月ばかり、夜一夜降り明か
九月ごろ、一晩中降り明かした雨が、
しつる雨の、今朝はやみて、朝日[　]
今朝はやんで、
いとけざやかに①さし出でたる（い）に、
たいそうはっきりとさしているときに、
＊前栽（せんざい）の露（つゆ）は、こぼるばかりぬれかかりたるも、いとを（オ）
庭先に植えた草木の露は、こぼれるほどにぬれかかっているのも、たいそう趣（おもむき）
かし。＊透垣（すいがい）の＊羅文（らもん）、軒（のき）の上などは、かいたる蜘蛛（くも）の巣の
がある。透垣の羅文や、軒の上などは、張りわたしている蜘蛛の巣が
こぼれ残りたるに、②雨のかかりたるが、白き玉を貫き（つらぬ）
破れ残っているのに、[　]、白い玉を貫いたよう
たるやう（ヨウ）なるこそ、いみじう（ジュウ）あは（ワ）れにを（ヲ）かし[　]。
であるのは、たいそうしみじみとした感じがあって趣がある。

＊九月…旧暦（きゅうれき）の九月。現在の九月下旬（げじゅん）から十一月上旬ごろ。
＊前栽…庭先に植えた草木。
＊透垣…板や竹などですき間をあけて作った垣根（かきね）。
＊羅文…透垣の上に、細い木や竹をひし形に組んでつけたかざり。

1 ①さし出でたる の主語を、古文中から二字でぬき出しましょう。

[　　]

ヒント：主語のあとに、「が」に当たる助詞が省略されているよ。

2 ②雨のかかりたるが の意味を次から一つ選びましょう。

ア 雨は関係ないのが
イ 雨のかたちなのが
ウ 雨がかかったのが

（　　）

ヒント：「雨の」の「の」は主語を表す「の」だよ。

3 [　] に当てはまる言葉を次から一つ選びましょう。

ア けり（終止形）　イ ける（連体形）　ウ けれ（已然形）

（　　）

ヒント：前の部分に、「こそ」があるね。

ポイント解説

1 前から順に読んで、主語をおさえよう。
2 助詞の「の」の働きに注意しよう。
3 要点1の係り結びの表を見てたしかめよう。

例題の答え　①ア　②イ

3 和歌の知識

お役立ちミニブック7ページ

和歌にはさまざまな表現の工夫があるよ。表現の工夫を知ると、内容を深く味わうことができるよ。

勉強した日　　月　　日

要点はここ

1 和歌の特徴

❶和歌の形式を覚えておきましょう。

和歌は、五・七・五・七・七の五句三十一音から成ります。

上の句			下の句	
初句 五音	第二句 七音	第三句 五音	第四句 七音	結句 七音

例 駒とめて　袖うちはらふ　陰もなし　佐野のわたりの　雪の夕暮れ　藤原定家

意味や調子の切れ目↓ 句切れ

五・七・五・七・七に分けて、意味や調子の切れ目を探そう。この和歌は三句切れだね。

❷和歌にはさまざまな表現技法があります。

・枕詞…特定の語の前に置き、調子を整える言葉。

例 ひさかたの→光・天　ちはやぶる→神　白たへの→衣　など

・掛詞…一つの言葉に同じ音の複数の意味をもたせること。

例 まつ→待つ・松　あき→飽き・秋　あふ→逢ふ（逢う）・逢坂（地名）　など

・序詞…ある語を導くために、前に置く言葉。

全体の意味とは直接関係なく、「あやめ」を導くために置いた言葉。

例 ほととぎす鳴くや五月のあやめぐさあやめも知らぬ恋もするかな

ほととぎすが鳴く五月に咲くあやめ草のように、「あやめ（物事の分別）」もない恋をしていることだ

例題① 次の和歌は何句切れですか。漢数字で書きましょう。

見わたせば花も紅葉もなかりけり浦の苫屋の秋の夕暮れ　藤原定家

（　　　）句切れ

例題② 次の和歌から、枕詞をぬき出しましょう。

ちはやぶる神代も聞かずたつた川韓紅に水くくるとは　在原業平

（　　　）

例題③ 次の和歌の「かれぬ」には、「人目が離れる（人の訪れが遠ざかる）」「草が枯れる」という二つの意味があります。このような表現技法を何といいますか。

山里は冬ぞさびしさまさりける人目も草もかれぬと思へば　源宗于

（　　　）

例題④ 次の――は、「さらさらに」という語を導くために置かれた言葉です。このような表現技法を何といいますか。

多摩川にさらす手作りさらさらになにそこの児のここだかなしき　東歌

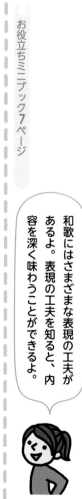

（　　　）

練習問題

次の文章を読んで、問題に答えましょう。

「万葉集（まんようしゅう）」「古今和歌集（こきんわかしゅう）」より

➡答えは別冊2ページ

A

月見れば千々（ちぢ）に物こそ悲しけれわが身一つの秋にはあらねど

月を見ていると、あれこれと限りなくもの悲しいことだ。私一人のための秋ではないけれど。

大江千里（おおえのちさと）

B

あかねさす紫野（＊むらさきの）行き標野（＊しめの）行き野守（のもり）は見ずや君が袖（そで）振る

紫野の中を行き、標野の中を行き、野守が見ているではありませんか、あなたが袖を振るのを。

額田王（ぬかたのおおきみ）

C

花の色はうつりにけりないたづらにわが身世にふるながめせし間（ま）に

花の色も私の美しさも色あせてしまったなあ、私がこの世を眺（なが）めてもの思いをしながら過ごし、長雨（ながあめ）の降る間に。

小野小町（おののこまち）

＊紫野…紫草が生えている野。

＊標野…一般の人の立ち入りを禁じた土地。

1 Aの和歌は何句切れですか。漢数字で書きましょう。

（　　）句切れ

意味や調子の切れ目はどこかな。

2 Bの和歌から、枕詞（まくらことば）をぬき出しましょう。

（　　）

「紫」にかかる枕詞だよ。

3 Cの和歌の「ふる」には「経（ふ）る（年月を過ごす）」と「降る」、「ながめ」には「眺め」と「長雨」という二つの意味があります。このような表現技法を何といいますか。

（　　）

一つの言葉に、二つの意味をかけているんだね。

ポイント解説

1 まず、五・七・五・七・七に分けてみよう。

2 「紫」の前に置かれている言葉だよ。

3 一つの言葉に同じ音の複数の意味をもたせる技法だよ。

例題の答え　①三　②ちはやぶる　③掛詞　④序詞

いまに生きる古典

伝統芸能に生きる古典の世界

◆今も昔も面白い！

古典作品をもとにした演劇は、今もなお上演されています。たとえば、『平家物語』や『義経記』を題材にした、人形浄瑠璃・歌舞伎の『義経千本桜』。

平家滅亡後、生き残った平家の武将と、源義経の運命を描いた名作です。

現在の歌舞伎で見られる「宙乗り」（空を飛ぶ演出）は、なんと江戸時代から演じられていたそうです。

能や狂言、落語などで、古典作品をもとにした伝統芸能を見てみるのもよいですね。

問題①

次の『平家物語』の文を現代仮名遣いに直して、すべてひらがなで書きます。正しいものはどれでしょう？　ア〜ウから選びましょう。

「平家のつはものども馬には乗らず」

ア　へいけのつわものどもうまにはのらず
イ　えいけのつわものどもうまにはのらず
ウ　へいけのつはものどもうまにわのらず

（　　）

ことわざ・慣用句に生きる古典表現

◆「良薬口に苦し」は古文？

昔から伝わることわざや慣用句には、古文の言葉がそのまま残っているものがたくさんあります。代表的な例をいくつか紹介します。

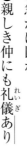

- 時は金なり
- さわらぬ神にたたりなし
- 頭かくして尻かくさず
- 言わぬが花
- 急がば回れ
- 親しき仲にも礼儀あり

古文の言葉がことわざなどに残りやすいのは、格調の高さや、伝えたいことを簡潔に表現できることなどが理由だと考えられます。ほかのことわざも探してみましょう。

問題②

次のことわざで、係り結びが使われているものはア〜ウのうち、どれでしょう。

ア　帯に短したすきに長し
イ　好きこそものの上手なれ
ウ　せいてはことをしそんじる

（　　）

問題の答え　①ア　②イ

2 古文パターン別読解（1）

4 クスッと笑えるオチのある話

獅子と狛犬 ①
「徒然草」より
聖海上人とその一行が、立派な神社に参拝した。
すると、神殿の前にある獅子と狛犬が、
たがいに背を向けて立っていた。
すばらしいことだ！この立ち方には、深いわけがあるのだろう。
やあ、みなさん、格別ではありませんか。
本当に特別ですなあ。都へのみやげ話にしましょう。

古文には、オチのあるおもしろい話があるよ。登場人物の言葉や様子をおさえながら読んでいこう。

勉強した日　月　日

次のページで，この話を古文で読んでみよう。話の続きは16〜17ページで！

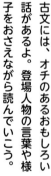

古文でかくにん①

獅子(しし)と狛犬(こまいぬ) ①

「徒然草(つれづれぐさ)」より

（聖海上人(しょうかいしょうにん)という僧(そう)が、立派な神社に参った。）

御前(おまへ)なる獅子・狛犬、背(そむ)きて、後ろさまに①立ちたりければ、上人いみじく感じて、「あな、めでたや。この獅子の立ちやう（ヨウ）、いとめづらし（ズ）。ふかき故(ゆゑ)あらん」と涙(なみだ)ぐみて、「いかに、殿原(とのばら)、殊勝(しゆしよう)のことは御覧(ごらん)じとがめずや。無下(むげ)なり」と②いへば、おのおの怪(あや)しみて、「誠(まこと)に他にことなりけり。都のつとに語らん」などいふ。

- 御前なる：神殿の前にある
- 後ろさまに：後ろ向きに
- いみじく感じて：たいそう感心して
- あな、めでたや：ああ、すばらしいことだ
- いとめづらし：たいへんめずらしい
- 殿原：みなさん
- 殊勝の：格別な
- 御覧じとがめずや。無下なり：ご覧になって不思議にお思いになりませんか。（思わないとは）あまりにひどい
- 誠に他にことなりけり：他と比べて特別ですなあ
- 都のつとに語らん：みやげ話にしましょう

問題

⬇答えは別冊3ページ

★上の文章を読んで答えましょう。

1 ①立ちたりければ　とありますが、何が、どんな様子で立っていたのですか。□に当てはまる言葉を、古文中からぬき出しましょう。

□と□が、たがいに□向きに立っていた。

2 ②いへば　を、現代仮名遣(かなづか)いに直し、すべてひらがなで書きましょう。

（　　　）

3 上人は、獅子と狛犬の様子を見て、どのように感じていますか。当てはまらないものを、次から一つ選びましょう。

ア　おごそかですばらしいことだ。
イ　みっともなくて困ったことだ。
ウ　深いわけがあるにちがいない。
エ　だれもが感動するにちがいない。

（　　）

読み取りのポイント

1 何(だれ)が、何をしたのかをとらえる

ある動作に対して、「何(だれ)が」という主語を探すときは、**前の部分に注目しましょう。**

「**獅子**・**狛犬**、背きて、後ろさまに」

助詞の省略

2 現代仮名遣いに直す

語頭以外の「は・ひ・ふ・へ・ほ」は、「わ・い・う・え・お」に直します。

「へ」を「え」に直す！

「い**へ**ば」→「い**え**ば」

3 会話文から心情をとらえる

話している内容に注目します。

《上人の言葉》

・「**あな、めでたや**」
・「**いとめづらし**」
・「**ふかき故あらん**」

↓獅子と狛犬を見て感動している。

・「**殊勝**のことは**御覧じとがめずや**」

↓共感を求めている。

獅子と狛犬 ②

「徒然草」より

（神社に参った聖海上人は、社の前の獅子と狛犬がたがいに後ろ向きに立っているのを見て、すばらしい、深いわけがあるのだろう、と涙ぐんだ。）

上人なほゆかしがりて（知りたがって）、おとなしく、物しりぬべき顔したる（年配の、物を心得ていそうな顔をしている）*神官を呼びて、「この御社の獅子の立てられやう、さだめて習ひあることに侍らん（きっといわれがあることでございましょう）。ちと①承らばや（少々お聞きしたいものです）」と言はれければ、「そのことに候ふ。さがなき童どもの仕りける、奇怪に候ふことなり（いたずら好きな子供たちがいたしましたことで、けしからぬことでございます）」とて、②さし寄りて（近寄って）、据ゑなほして去にければ、上人の感涙③いたづらになりにけり（むだになってしまった）。

＊神官…神事にたずさわる人。

問題

★上の文章を読んで答えましょう。 ➡答えは別冊3ページ

1 ①承らばや とありますが、何を聞きたいのですか。次から一つ選びましょう。

ア　獅子の立てられている場所。
イ　獅子の立てられ方への感想。
ウ　獅子の立てられ方の理由。

（　　）

2 ②さし寄りて とありますが、だれが近寄ったのですか。古文から二字でぬき出しましょう。

［　　］

3 ③いたづらになりにけり とありますが、上人の感動の涙がむだになってしまったのはなぜですか。次から一つ選びましょう。

ア　獅子と狛犬がたがいに後ろ向きなのは、一般的で珍しくないことだったから。
イ　獅子と狛犬がたがいに後ろ向きなのは、子供のいたずらだったから。
ウ　獅子と狛犬がたがいに後ろ向きだったせいで、ご利益が消えたから。

（　　）

読み取りのポイント

1 会話文に注目する

「承らばや」は聖海上人の言葉。同じ会話文の中から読み取れます。

「**この御社の獅子の立てられやう、さだめて習ひあることに侍らん。**ちと承らばや」
→ 聞きたいこと

2 だれの行動かをとらえる

前の部分に注目しましょう。すぐ前の会話文は、「上人」の質問に対して、だれが答えたものか考えます。

3 文章の流れを読み取る

「この御社の獅子の立てられやう（たがいに後ろ向き）、さだめて**習ひあることに侍らん。**」

いわれがあることだろうと思っていたら……

「**さがなき童どもの仕りける**」

↓上人は、かんちがいで感動していた。

まんがでつかもう

まんがの□に入る言葉…子供（たち）

覚えタイ

話のパターン

話のおもしろさをつかむ

古文には笑い話がたくさんありますが、**尊敬される立場の人が失敗をする話**はよく出てきます。

笑い話は、『徒然草』のような随筆の他、『古今著聞集』『宇治拾遺物語』などの説話にも出てきます。『醒睡笑』のように、笑い話を集めたものもあります。

「だれが」「どうした」をきちんと読み取って、話のおもしろさをおさえることが大切ですね。

『獅子と狛犬』の話のおもしろさは、上人がかんちがいをしたことにあったね。

練習問題

1 次の文章を読んで、問題に答えましょう。

「醒睡笑(せいすいしょう)」より

↓答えは別冊4ページ

客来る(きた)に亭主(ていしゅ)出(いで)て、「飯はあれども、麦飯(むぎいひ)*じやほどに、いやであらふず(ロウ)」といふ(ウ)。「我(われ)は生得(しやうとく)麦飯がすきじや。麦飯ならば三里*(り)も行きてくはふ(オウ)」といふ(ウ)。「さらば」とてふるまひけり(イ)①。

またある時、件(くだん)の人来る。②「そちは麦飯がすきじや程に、米の飯はあれども出さぬ」といふ(ウ)に、「いや、米の飯ならば、五里もゆかふ(コウ)」とてまたくふた(ウ)。

（主語を示す「が」が省略されている。）（「亭主」の言葉。）（「客」の言葉。）（生得…生まれつき）（二つの場面で、似た出来事がくり返されている。）（件の…例の）（前に出てきた「客」と同じ人。）（主語を示す「が」が省略されている。）（「亭主」の言葉。）（「客」の言葉。）

＊麦飯…麦のご飯。白米と比べて値段が安かった。
＊里…距離(きょり)の単位。一里は約四キロメートル。

登場人物を確認！
- 「客」…「亭主」のもとに来た客。
- 「亭主」…「客」を出むかえた亭主。

1 ①ふるまひけり とありますが、ふるまったのは、だれですか。古文中からぬき出しましょう。

（　　　　）

ヒント：登場人物は「客」と「亭主」。前の部分を順に読もう。

2 ②そち が指しているものを、次から一つ選びましょう。

ア 客　イ 亭主　ウ 麦飯　エ 米の飯

（　　）

ヒント：「そち」をふくむ会話文はだれの言葉で、どんなことを言っているかな。

3 古文の内容に合うものには○を、合わないものには×をつけましょう。

（　）客は麦飯も米の飯も食べた。
（　）亭主は常に喜んで客をもてなした。
（　）客は米の飯はきらいだと言った。
（　）亭主はごちそうをしたくなかった。

ヒント：亭主は客になんと言っていて、客はそれにどう答えているかな。

練習問題

2 次の文章を読んで、問題に答えましょう。

「古今著聞集（ここんちょもんじゅう）」より

↓答えは別冊4ページ

前（さき）の大和（やまと）の守（かみ） *時賢（ときかた）が墓所は、長谷（はせ）といふ（ウ）所にあり。そこの留守する男、くくりをかけて鹿（しか）を取りけるほどに、或（あ）る日、①大鹿かかりたりける。この男が思ふ（ウ）やう（ヨウ）、「くくりにかけてとりたらん、念なし。射殺したりといひ（イ）て、弓の上手のよし人に聞かせん」と思ひて、くくりにかけたる鹿に向（むか）ひ（イ）て*大雁股（おおかりまた）をはげて射たりけるほどに、その②矢、鹿にはあたらずして、くくりにかけたりけるかづら（ズ）にあたりたりければ、かづら（ズ）射切られて、鹿はことゆゑ（エ）なく走りにげてゆきにけり。この男、③かしらがきをすれども、さらにえきなし。

（注）守＝国司　留守する＝墓守をする　くくり＝わな　念なし＝つかまえるのは、たやすいことだ　はげて＝つがえて　かづら＝綱（つな）　ことゆゑなく＝なんなく　かしらがきをすれども＝頭をかいてくやしがったが　さらにえきなし＝どうにもならなかった

現代語では「の」。
助詞「は」が省略されている。
助詞「を」が省略されている。
助詞「が」が省略されている。
「男」の失敗がえがかれている。

*時賢…源時賢（みなもとのときかた）（人名）。　*大雁股（おおかりまた）…矢の種類の一つ。

登場人物を確認！
●「男」…「前の大和の守時賢」の墓守をする男。

1 ①大鹿かかりたりける　とありますが、何が起こったのですか。次から一つ選びましょう。

ア　大きな鹿に男がけりとばされた。
イ　大きな鹿が男のわなにかかった。
ウ　大きな鹿を男が弓矢で射止めた。

（　　）

ヒント　前後の文脈から読み取ろう。

2 ②矢　は、何に当たりましたか。古文から三字でぬき出しましょう。

□□□

ヒント　何をねらって、何に当たったのかな。

3 ③かしらがきをすれども　とありますが、このようにしたのはなぜですか。□に当てはまる言葉を古文中からぬき出しましょう。

弓矢が□□なことを人にいいふらそうとしたせいで、鹿が□□□しまったから。

ヒント　③——の主語は「男」だね。

5 たとえ話の言いたいことは

まんがでつかもう

鼠の会議 ①
「伊曽保物語」より
ある時、鼠たちが集まって協議していた。
ニャア！
あの猫は、声を立てるか、足音を大きくするなどすれば、あらかじめ用心できるけれども、
ギシッ
ひそかに近づいてくるので、油断してつかまるばかりだ。どうしたらいいだろう。
ヒエエエエ
猫の首に鈴を付けておきましたら、たやすくわかるだろう。
もっともだ。
おお！

たとえ話には、動物がよく出てくるよ。どんなことを伝えるためのたとえなのかを読み取ろう。

勉強した日　月　日

次のページで，この話を古文で読んでみよう。話の続きは22～23ページで！

古文でかくにん①

鼠の会議 ①

「伊曽保物語」より

（鼠たちが集まって、会議をしていた。）

「かの猫、声をたつるか、しからず（そうでなければ）は足音高くなどせば、かね（あらかじめ）て用心すべけれども、ひそかに①近づきたるほどに、油断して取ら（つかま）るるのみなり。②いかがはせん（どうしたらいいだろう）」といひけれ（イ）ば、故老の鼠（経験の豊かな老人の鼠）進み出て申しけるは、「詮ず（結局の）る所、猫の首に鈴を付けてをき侍らば（付けておきましたら）（オ）、やす（たやす）く知りなん（すぐわかるだろう）」といふ（ウ）。皆々、「もつとも（ツ）」と③同心しける（同意した）。

問題

★上の文章を読んで答えましょう。 ➡答えは別冊5ページ

1 ①近づきたる とありますが、だれが近づいてくるのですか。古文中から一字でぬき出しましょう。

2 ②いかがはせん とありますが、どのようなことについて問いかけているのですか。次から一つ選びましょう。

ア 猫と戦って勝つためにはどうすればいいかということ。
イ 猫につかまらないためにはどうすればいいかということ。
ウ 猫と親しくつきあうにはどうすればいいかということ。
（　　）

3 ③同心しける とありますが、どのようなことに同意したのですか。□に当てはまる言葉を、古文中からぬき出しましょう。

□に□を付ければよいということ。

読み取りのポイント

1 だれの行動なのかをとらえる
前の部分に注目しましょう。 会話文の最初に動作主（主語）が書かれています。

2 会話文から内容をとらえる
話している内容に注目します。

主語は「かの猫」

「ひそかに近づきたるほどに、油断して**取らるる**のみなり」
→「いかがはせん」

3 会話文から話の流れをとらえる
話している内容に注目します。

《「故老の鼠」の言葉》
・「**猫の首**に**鈴**を付けてをき侍らば、やすく知りなん」
《「皆々」の言葉》
・「**もつとも**」
→故老の鼠の言葉に、みんなが同意している

古文でかくにん②

鼠(ねずみ)の会議 ②

『伊曽保物語(いそほものがたり)』より

（鼠たちが会議をした。猫(ねこ)につかまらないためには、猫の首に鈴(すず)を付ければよいという意見にみんな賛成した。）

「然(しか)らば、このうちよりだれ出(いで)てか、猫の首に鈴を付け給(たま)は(ア)んや」と①いふ(ウ)に、上臈鼠(じやうらうねずみ)より下鼠(しもねずみ)に至るまで、②「我(われ)付けん」といふ(ウ)者なし。是(これ)によつ(ツ)て、そのたびの議定事終(ぎぢやうことおは)らで退散しぬ。其(その)ごとく、人のけなげだてをいふ(ウ)も、③只(ただ)畳(たたみ)の上の広言(くわうげん)なり。

（然らば＝そうしたら　付け給はんや＝お付けになるか　上臈鼠＝身分の高い鼠　下鼠＝身分の低い鼠　議定事終らで＝協議の決着はつかず　人のけなげだてをいふも＝勇気があるようなことを言うのも　畳の上の広言なり＝畳の上に座って大きなことを言うようなものである）

問題

★上の文章を読んで答えましょう。　➡答えは別冊5ページ

1 ①いふ　とありますが、どんなことを言ったのですか。□に当てはまる言葉を古文中からぬき出しましょう。

□□が猫の首に鈴を付けるかということ。

2 ②「我付けん」といふ者なし　とありますが、なぜですか。次から一つ選びましょう。

ア　猫の首に鈴を付けても、意味がないと思ったから。
イ　実際に猫の首に鈴を付けるとなると、こわかったから。
ウ　本当に猫の首に鈴を付けるのか、まだ決まっていなかったから。

（　　）

3 ③只畳の上の広言なり　とは、どういうことですか。次から一つ選びましょう。

ア　声が小さくて意図が伝わらないこと。
イ　人をだますつもりでうそをつくこと。
ウ　口ばかりで実行がともなわないこと。

（　　）

読み取りのポイント

1 会話文に注目する

すぐ前の会話文に、「このうちよりだれ出てか、猫の首に鈴を付け給はんや」とあります。

2 文章の流れを読み取る

・猫の首に鈴を付けることに同意
←
・だれが付けるか？
←
・だれも名乗り出ない
↓鈴を付けるには猫に近づかなくてはならない→勇気がない

3 言いたいことをとらえる

「其ごとく」…鼠たちのエピソードのように　←指示語の指す内容
「人のけなげだてをいふも」…「人」の話に言いかえている
「只畳の上の広言なり」…口では大きなことを言っても、実行がともなわないこと

まんがの□に入る言葉…(例)いない

覚えタイ 話のパターン

エピソードと、筆者が言いたいことを結びつける

古文には、ことわざや四字熟語に通じるたとえ話があります。

なかでも、『イソップ物語』を翻訳した『伊曽保物語』には、人間の行動を動物にたとえたおもしろい話が集められています。

会話文や**主語**に注意してエピソードの内容をしっかり読み取ったうえで、そのエピソードを通して**筆者が言おうとしていること**をとらえましょう。

鼠たちのすばらしいアイディアも、実行できなければ意味がなかったんだね。

練習問題

1 次の文章を読んで、問題に答えましょう。　「沙石集」より

➡答えは別冊6ページ

平常のときの関係が示されている。

日照りによって非常事態になっている。

助詞「が」が省略されている。

「え～じ」は、「とても～できない(だろう)」という意味。

ある池の中に、蛇(へび)と亀(かめ)、蛙(かへる)と知音(ちいん)にて住みけり。天下旱(ひでり)して、池の水も失せ、食物(じきもつ)も無くして、飢ゑ(う)(エ)んとして、つれづれなりける時、蛇、［　　］をもて使者として、蛙のもとへ「時のほどおはしませ(ワ)、見参(げんざん)せん」と云ふ(い)(ウ)に、蛙、返事に申しけるは、「飢渇(きかつ)にせめらるれば、仁義*を忘れて食をのみ思ふ(ウ)。①情けも好(よし)みも世の常の時こそあれ。かかる頃(ころ)なれば、え参らじ」とぞ返事しける。②げにもあぶなき見参なり。

（知音にて：友人として　食物：食べ物　つれづれなりける時：何もできずにいる時　時のほどおはしませ：ちょっとおいでください　見参せん：お目にかかりましょう　情けも好みも世の常の時こそあれ：情けも親交も平常の時のことだ　え参らじ：とてもうかがうことはできない　げにもあぶなき見参なり：いかにも危ない訪問である）

*仁義…道徳の心。思いやり。

登場人物を確認！
- 「蛇」…蛙と亀の友人だが、蛇は蛙を食べる習性がある。
- 「亀」…池にすむ。
- 「蛙」…池にすむ。

1 ［　］に当てはまる登場人物を古文中からぬき出しましょう。（　　　）

2 ①情けも好みも世の常の時こそあれ　と似た意味の言葉を、次から一つ選びましょう。
ア　雨降って地固まる
イ　飛ぶ鳥を落とす勢い
ウ　衣食足りて礼節を知る
（　　　）

ヒント　登場人物は「蛇」と「亀」と「蛙」。［　］の前後から話の流れをとらえよう。

3 ②げにもあぶなき見参なり　とありますが、なぜ危ないのですか。［　］に当てはまる言葉を古文中からぬき出しましょう。

［　　　　］がなくて空腹になっているので、［　　］は蛇に食べられてしまうかもしれないから。

ヒント　「世の常の時」は「旱」のときとちがってどんな様子なのかな。

ヒント　だれがだれをさそったのかな。

練習問題

② 次の文章を読んで、問題に答えましょう。

「十訓抄」より

➡答えは別冊6ページ

助詞「が」が省略されている。

・「蝉」・「蟷螂」・「黄雀」・「童子」・「深き谷、堀株」の関係を読み取ろう。

「給ふ」は尊敬語。「襄王」への敬意を表している。

*楚の襄王、*晋の国をうたむ(ン)とす。*孫叔敖、これをいさめ申していはく(ワ)、「園の楡(楡の木)の上に、Ⓐ蝉、露を飲まむ(ン)とす。うしろにⒾ蟷螂(かまきり)のを(オ)かさむ(ン)(おそおう)とするを知らず。蟷螂、また［　　］をのみまもりて(見ていて)、うしろに黄雀(すずめ)のを(オ)かさむ(ン)とするを知らず。黄雀、また蟷螂をのみまもりて、楡のもとに弓を引いて、*Ⓤ童子のを(オ)かさむ(ン)とするを知らず。童子、また黄雀をのみまもりて、前に深き谷、後に堀株(掘り出した木の根っこ)のあることを知らずして、身をあやまてり(身を危険にさらしている)。これみな、①前利(前にある利益)をのみ思ひ(イ)て、後害(後ろにある災難)をかへりみ(エ)ざるゆゑ(エ)なり」と申せり。王、この時、悟りを開きて、②晋を攻むといふ(ウ)こと、とどまり給ひ(イ)ぬ。

*楚・晋…中国にあった国名。　*孫叔敖…楚の国の賢人。　*童子…子供。

登場人物を確認！

● 「襄王」…楚の国の王。
● 「孫叔敖」…襄王に仕える賢人。
● 「蝉」「蟷螂」「黄雀」「童子」…孫叔敖の話に出てくるもの。

1 ［　　］に当てはまる登場人物を古文中からぬき出しましょう。

（　　　　）

ヒント：孫叔敖の話に出てくるものだよ。

2 ①前利をのみ思ひて、後害をかへりみざる とありますが、「黄雀」にとっての「前利」「後害」を、古文中の Ⓐ～Ⓤ からそれぞれ一つ選びましょう。

・前利…（　　）　・後害…（　　）

ヒント：「黄雀」は何を見ていて、何に気づいていないのかな。

3 ②晋を攻むといふこと、とどまり給ひぬ のようにしたのはなぜですか。次から一つ選びましょう。

ア 晋を攻めている間に他の敵に攻められる危険があると気づいたから。

イ 晋を攻めるよりも他の敵を攻めるほうが勝つ見こみがあると気づいたから。

ウ 晋を攻めるような力をもつ部下が自分の国にはいないと気づいたから。

（　　）

6 おどろくべき正体

まんがでつかもう

二人の武士 ①
「徒然草」より
筑紫になんとかの押領使(地方の役人)などという者がいて、
筑紫＝九州北部にあった国の一つ
大根をすべての病気によくきく薬だと言って
毎朝二本ずつ焼いて、長年食べていた。
ムシャムシャ
ある時、館に人がいないすきをねらって
敵が襲ってきたところ、
館の中に強い武士が二人出てきて、命を惜しまず戦い、
敵を追い返してしまった。

古文の話には、人間以外のものが出てくることがあるよ。登場人物を整理しながら読み取ろう。

勉強した日　月　日

次のページで，この話を古文で読んでみよう。話の続きは28～29ページで！

古文でかくにん①

二人の武士 ①

「徒然草(つれづれぐさ)」より

＊筑紫(つくし)に、なにがし〔なんとかの〕の＊押領使(あふりやうし)などいふやう(ウ)(ヨウ)なる者のありけるが〔いたが〕、土大根(つちおほね)〔大根〕を万(よろづ)に〔すべてに〕いみじき〔よくきく〕薬とて、朝ごとに二つづつ(ズ)焼きて①食ひける事、年久しくなりぬ〔長年になった〕。ある時、館(たち)の内に人もなかりける隙(ひま)をはかりて〔ねらって〕、敵襲(かたきおそ)ひ(イ)来(きた)りて②囲み攻め(せ)けるに、館の内に③兵二人(つはもの)出(い)で来て、命を惜(を)しまず戦(たたか)ひ(イ)て、皆(みな)追ひ(イ)かへ(エ)してげり〔追い返してしまった〕。

＊筑紫…九州(きゅうしゅう)北部にあった国の一つ。
＊押領使…地方の治安を担当する役人。

問題

⬇答えは別冊7ページ
★上の文章を読んで答えましょう。

1 ①食ひける とありますが、だれが、何を食べていたのですか。□に当てはまる言葉を古文中からぬき出しましょう。

なんとかの［　　　］などいうような者が、［　　　］を食べていた。

2 ②囲み攻めける とありますが、主語にあたる言葉を、古文中からぬき出しましょう。

（　　　）

3 ③兵二人 の行動に当てはまるものを、次から一つ選びましょう。

ア　懸命(けんめい)に戦って館を守った。
イ　館の人をすばやく助け出した。
ウ　館の主人と激しく戦った。

（　　　）

読み取りのポイント

1 だれが、何をしたのかをとらえる

前の部分に注目します。

「**なにがしの押領使**などいふやうなる者……**土大根**を……食ひける」

2 助詞の省略に注意する

前の部分に注目すると、次のような関係になっています。

「敵／**襲ひ来り**て**囲み攻めける**に」（主語は同じ）
助詞の省略

「敵が」なのか「敵を」なのかは、文脈から判断します。

3 文章の流れを読み取る

「だれが何をどうした」のかに注目します。

「館の内に兵二人
出で来て、
命を惜しまず戦ひて、
皆追ひかへしてげり」
すべて「兵二人」の動作

↑だれを指す？→「敵」

古文でかくにん②

二人の武士 ②

「徒然草」より

（なんとかの押領使という者は、大根が全ての病気にきくと信じて、毎日食べていた。ある時館が敵に襲われたが、二人の武士が突然現れ、追い払ってくれた。）

いと（とても）不思議に覚えて（思われて）、「日ごろここにものし給ふ（仕えていらっしゃる）とも見ぬ（思われない）人々の、かく戦ひし給ふ（このような戦いをなさる）は①いかなる人ぞ（どういう人ですか）」と問ひければ、「年ごろ（長年）頼みて（頼みにして）、朝な朝な（毎朝）召しつる（召しあがった）土大根ら（大根たち）にさぶらふ（ございます）」といひて失せにけり（消えてしまった）。②深く信をいたしぬれば（信じていたので）、③かかる徳（このような恩恵）もありけるにこそ。

問題

★上の文章を読んで答えましょう。

➡答えは別冊7ページ

1 ①いかなる人ぞ　とありますが、敵と戦った武士の正体は何ですか。古文中から三字でぬき出しましょう。

2 ②深く信をいたしぬれば　とありますが、どのようなことを信じていたのですか。次から一つ選びましょう。

ア　自分は運がいいこと。
イ　大根が体にいいこと。
ウ　仏が救ってくれること。

（　　）

3 ③かかる徳　とは、どのようなことですか。次から一つ選びましょう。

ア　よい家来にめぐまれたこと。
イ　病気にかからずにすんだこと。
ウ　危ないところを助けられたこと。

（　　）

読み取りのポイント

1 問いに対する答えをとらえる

問いかけているので、次の発言で答えが述べられています。

「いかなる人ぞ」
↓
「**年ごろ頼みて、朝な朝な召しつる土大根ら**にさぶらふ」

2 信じていた内容をとらえる

27ページからとらえましょう。

「土大根を**万にいみじき薬**とて」（「と思って」という意味）

3 文章の流れを読み取る

27ページからとらえましょう。

「敵襲ひ来りて囲み攻めける」
↓
「館の内に兵二人……**皆追ひかへしてげり**」
→ 信じていたおかげで助けられた

まんがでつかもう

まんがの□に入る言葉…大根（土大根）

覚えタイ 話のパターン

正体は話の中で明かされる

古文の話では、人間の姿で現れても、実は人間ではない、というものが出てくることがあります。「正体は何か」を読み取ることが大切です。でも大丈夫。どんなに変わった正体であっても、話の中で**手がかりが示され**、ほとんどの場合、**正体が最後に明かされます。**

また、このような話は、主人公が恩恵を受けるという結末が多く、**何かいいことをしていると、そのためにいいことが起きる**というパターンを覚えておきましょう。

練習問題

1 次の文章を読んで、問題に答えましょう。

「宇治拾遺物語（うじしゅういものがたり）」より

↓答えは別冊8ページ

話の設定を紹介（しょうかい）した一文。

「行く」の主語は、文の前後から判断する。

主語を示す「が」が省略されている。

亀は売れないという舟の人に対し、たのみこんでいる場面。

結局、亀をどうしたのかを読み取ろう。

昔、天竺（てんぢく）〔インド〕の人、宝を買は(ワ)んために〔買うために〕、銭（ぜに）五十貫（くわん）を①子に持たせてやる。大（おほき）なる川の端（はた）を行くに、舟（ふね）に乗りたる〔乗っている〕人あり。舟の方（かた）を見やれば、舟より亀（かめ）、首をさし出（いだ）したり。銭持ちたる人立ち止まりて、この亀をば、「何の料（れう）ぞ〔何のためのものか〕」と問(エ)へば、「殺して物にせんずる〔ものに使おうとするのだ〕」といふ(ウ)。②「その亀買は(ワ)ん」とい(エ)へば、この舟の人曰（いは）く、いみじき〔非常に〕大切の事ありて、設けたる〔手に入れた〕亀なれば、いみじき〔たいそうな〕価（あたひ）なりとも、売るまじき由（よし）〔売るわけにはいかない事情〕をい(エ)へば、な(ホ)ほあながちに〔無理やりに〕手を摺（す）りて〔すり合わせて〕、③この五十貫の銭にて、亀を買ひ(イ)取りて放ちつ。

登場人物を確認！

- 「子」…「銭五十貫」を「天竺の人」（親）から持たされた。
- 「舟に乗りたる人」…舟の中にいて、亀をつかまえた人。
- 「亀」…舟の中にいる。

1 ①子 と同じ人物を表している言葉を、古文中から六字でぬき出しましょう。

2 ②その亀買はん とありますが、このように言い出したのは、なぜですか。次から一つ選びましょう。

ア 亀を他の人に売れば高く売れると思ったから。
イ 亀を買うように親から言われていたから。
ウ 亀が殺されたらかわいそうだと思ったから。
エ 亀を売っている人の事情に同情したから。

（　　）

ヒント 「買はん」は「買おう」という意味だよ。「子」は、結局亀をどうしたのかな。

3 ③この五十貫の銭 とありますが、このお金は本当は何を買うためのものでしたか。古文中から一字でぬき出しましょう。

ヒント 「この」という指示語があるので、前にこの「五十貫の銭」について説明しているよ。

② 次の文章を読んで、問題に答えましょう。（①の話の続きです。）

（亀をにがしてやった子は、家に帰る途中で、道にいた人から、亀を売った人の乗っていた舟が転覆したと聞いた。）

親の家に帰り行きて、銭は亀にかへ(エ)つる由語らんと思ふ程に、親のいふやう(ウ)(ヨウ)「何とてこの銭をば返しおこせたるぞ」と問へ(エ)ば、子のいふ(ウ)、「①さる事なし。その銭にては、しかじか亀にかへ(エ)てゆるしければ、その由を申さんとて参りつるなり」といへ(エ)ば、親のいふやう(ウ)(ヨウ)「②黒き衣きたる人、同じやう(ヨウ)なるが五人、おのおの十貫づ(ズ)つ持ちて来たりつる。これそなる」とて見せければ、この銭いまだ濡れながらあり。

はや買ひ(イ)て放しつる亀の、③その銭川に落ち入るを見て、取り持ちて、親のもとに、子の帰らぬさきにやりけるなり。

（代えた事情／話そう／どうして／返してよこしたのか／そういうことはありません／これこれで／にがしてしまったので／申し上げようとして／黒い着物を着た人で／同じ格好の／持って来たのだ／これがそれだ／まだ濡れたままで／ある／なんと／帰らないうちに）

「帰り行きて」の主語は「子」。

「親」がきいて、「子」が答えている場面。

「親」が、銭を持ってきた人たちのことを話している。

いったい何が起きたのかをまとめた一文。

---

1 ①さる事なし　とありますが、「子」が、このように言ったのはなぜですか。次から一つ選びましょう。

ア　お金は帰る途中でなくしてしまったから。
イ　お金は亀を助けるために使ったから。
ウ　お金はまだ自分が手元に持っているから。
エ　お金の代わりに亀を持ち帰ってきたから。

（　　）

ヒント　持たせたお金をなぜ返してよこしたのか、という親の質問に対する反応だよ。

2 ②黒き衣きたる人、同じやうなるが五人　の正体を、古文中から八字でぬき出しましょう。

□□□□□□□□

ヒント　最後の一文は、これまでの内容をまとめているよ。お金を返しにきたのはだれなのかな。

3 ③その銭川に落ち入る　とありますが、銭が川に落ちたものであったことを示している銭の様子を、古文中から五字でぬき出しましょう。

□□□□□

ヒント　もどってきた銭の様子が書かれている部分を探そう。

1 次の文章を読んで、問題に答えましょう。

老人あり。わが年をかくして、「いくつ」と問へどつゐに①いはず。ある時、「子(*ね)の年の人は果報（福）がある」と、いくたりも指をおりつつ、「そなたはなにの年ぞ」と。仕合せ（幸せのある）よき人数に入るがうれしくや侍(はべ)りけん、「②われも子の年」とかたるにぞ。すなはちくり（指を）てみ（おって(数えて)みて）、その年をいくつとさす。かの人だまされ、③やすからず思ひゐけり（おもしろくない思いであった）。また他席に「なにの年」ととふ時、「狼(おおかみ)の年」と答へけり。

〈「醒睡笑(せいすいしょう)」による〉

＊子の年…ねずみどし。十二支(じゅうにし)(子・丑(うし)・寅(とら)・卯(う)・辰(たつ)・巳(み)・午(うま)・未(ひつじ)・申(さる)・酉(とり)・戌(いぬ)・亥(い))の一つ。時刻や方角、年月日を表し、どの年に生まれたかわかれば年齢(ねんれい)が推測(すいそく)できる。

1 ①いはず の主語を、古文中から二字でぬき出しなさい。（15点）

2 ②われも子の年 とありますが、このように言ったのはなぜだと考えられますか。次から一つ選び、記号で答えなさい。（15点）

ア 「いくつ」と何度もたずねられることにうんざりして、年をはっきりさせておこうと思ったから。

イ 「子の年の人には福がある」と言われ、自分も幸せのある仲間に入るのをうれしく思ったから。

ウ 「そなたはなにの年ぞ」と急にきかれて、とっさに何年かわからなくなってしまったから。

（　　）

3 ③やすからず思ひゐけり とありますが、なぜこのような気持ちになったのですか。（　）に当てはまる言葉を考えて書きなさい。（20点）

かくしていたのに、（　　）

勉強した日　月　日

答えは別冊9ページ

得点　/100点

2 次の文章を読んで、問題に答えましょう。

ある時、鷲（わし）かたつぶりを食らはばやと思ひけれど（かたつむりを食べたいと思ったけれど）、いかんともせん事を知らず、①思ひわづらふ所に（思いなやんでいるところに）、烏（からす）かたはらより進み出（い）でて申しけるは、「このかたつぶりをほろぼさん事（殺して食べることは）、いとやすき事にてこそ侍（はべ）る。わが申すべきやうにし給（たま）ひて後、われにそんな（かんた）の半分をあたへ給はば、教へ奉（たてまつ）らん」といふ。鷲うけがうて（承知してその方法を）その故（ゆゑ）を問ふに（たずねると）、烏申しけるは、「かのかたつぶりをつかみあがり（つかんで飛びあがり）、高き所よりおとし給はば（お落としになれば）、その殻（から）たちまちにくだけなん」といふ。②案のごとく（烏の言う案のように）し侍りければ、たやすく取つてこれを食ふ。

③そのごとく、たとひ権門高家の人なりとも（勢いがあり身分が高い人であっても）、わが心をほしゐままにせず（思うままにせず）、智者（ちしや）の教へ（知恵（ちゑ）のある者の教え）に従ふべし。

〈「伊曽保物語（いそほものがたり）」による〉

1 ①思ひわづらふ　の主語を、文章中からぬき出しなさい。（10点）

（　　　　　）

2 ②案のごとく　とありますが、どのような「案」ですか。（　）に当てはまる言葉を考えて書きなさい。（20点）

かたつむりを（　　　　　）殻がくだけて食べることができる。

3 ③そのごとく　とありますが、鷲とかたつむりと烏のたとえから筆者が言おうとしているのはどのようなことですか。次から一つ選び、記号で答えなさい。（20点）

ア 烏のように勢いがある者も、自分の思うままにふるまうのではなく、鷲のように知恵のある者の教えに従う必要があるということ。

イ 鷲のように身分が高い者も、自分の心のままにふるまうばかりではなく、烏のように知恵のある者の教えを聞くのがよいということ。

ウ かたつむりのように力のある者も、自分勝手にふるまうことをせず、鷲や烏のように知恵のある者の教えに耳をかたむけるべきだということ。

（　　）

古典こぼれ話

ほかにもある　こんな話

クスッと笑えるオチのある話

◆鼻から飛び出したのは……？

——「宇治拾遺物語(うじしゅういものがたり)」より

昔、家の主人が、訪ねてきた僧(そう)をもてなすために、食事に氷魚(ひお)（鮎(あゆ)の稚魚(ちぎょ)）を出しました。でも、僧は肉や魚は食べてはいけないきまりになっています。

主人が部屋を出てもどってみると、氷魚が少なくなっています。変だなと思いながらも、そのまま雑談していると、僧の鼻から、氷魚が一ぴき、ふと飛び出しました。

主人が、

「鼻から氷魚が出てきたのは、どういうことですか」

とたずねると……。

問題①　この話のオチはどんなものでしょう。次のア〜ウから選びましょう。

ア　僧が、魚を食べたことをごまかそうとして「お客を置いて部屋を出るなんて失礼だ」とおこりだした。

イ　僧が、魚を食べたことをごまかさず「とてもおいしかったです」と主人にお礼を言った。

ウ　僧が、魚を食べたことをごまかそうとして「最近の氷魚(ひお)（ひょう）は目鼻から降る」とだじゃれを言った。（　）

たとえ話の言いたいことは

◆犬と肉の話

——「伊曽保物語(いそほものがたり)」より

ある犬が、肉をくわえて川をわたっていました。途中(とちゅう)、川の真ん中あたりで、その犬のかげが水に映ると、肉がゆれてゆがんで大きく見えました。そのため犬は「自分の肉より大きい」と思い、水に映っていた肉を取ろうとして口を開きました。すると、くわえていた肉が川に落ちてしまい、結局、肉を失ってしまいました。

問題②　この話の教訓は、なんでしょう。次のア〜ウから選びましょう。

ア　欲が深いと、自分の財産まで失うことがある。

イ　川をわたるときは、肉を持っていると危ない。

ウ　犬におつかいをたのむと、肉を失うことがある。

（　）

問題の答え　①ウ　②ア

3 古文パターン別読解（2）

7　思いがけない奇跡（きせき）
8　芸は身を助ける
9　機転を利（き）かす

古文では、信仰心（しんこう）や技芸、機転で、ピンチを切りぬける話が多いよ。

へぇ～！

書道の名人・藤原佐理（ふじわらのすけまさ）が悪天候で困っていたときに、夢で神様が出てきて、たのまれた書を書いたら、天気がよくなったんだって。

はっ！

窓の外は雨
もしかしてこの雨も神様のせい？

夢で神様におれのリフティングを披露（ひろう）して、晴れにするぞ！

ZZZZ
ねても会えないと思うよ……。

7 思いがけない奇跡

おどろくような奇跡が起こる話を読んでいくよ。「何」、「なぜ」に注目して読んでいこう。

勉強した日　月　日

まんがでつかもう

真夜中の泣き声 ①「今昔物語集」より

1
聖武天皇の命令で、夜の都を見回ることになった男
*葛木の尼寺の前を見回っていたとき……
2
ああ、痛い！　痛い！
ハッ!!
3
*タデの生える草むらに分け入って見ると人が！
4
あやしんで、つかまえてみるとなんと盗人だった！

＊葛木…奈良の地名。

＊タデ…植物の名前。

次のページで，この話を古文で読んでみよう。話の続きは38～39ページで！

古文でかくにん①

真夜中の泣き声 ①

「今昔物語集」より

今は昔、聖武天皇の御代（時代）に、奈良の京の時（奈良に都があったころ）、勅ありて（天皇の命令があって）、夜、京中を巡りて夜行する（夜の見回り）ことありけり。

しかるに（さて）、その夜行の人の聞くに、夜半ばかりに、葛木の尼寺の前の蓼原（タデの生えた草むら）の中に、人の①泣き叫ぶ ②こゑあり。叫びていは(ワ)く、我、痛きかな、痛きかなと。夜行の人、これを聞きて、③その所に馳せ至りぬ（かけつけた）。見れば、蓼原の中に人あり。怪しんで、これを捕らへ(エ)て問へ(エ)ば、早う（なんと）盗人なりけり。

⬇答えは別冊10ページ

★上の文章を読んで答えましょう。

問題

1 ①泣き叫ぶ とありますが、何と言って泣いていましたか。古文中からぬき出しましょう。

（　　　　）

2 ②こゑ を現代仮名遣いに直しましょう。

（　　　　）

3 ③その所 とありますが、どこのことですか。□に当てはまる言葉を古文中からぬき出しましょう。

だれかが泣き叫んでいる、葛木の □ の前にある □ の中。

読み取りのポイント

1 発言の内容をとらえる

発言の内容をとらえるときは、「いふ」「いはく」や、「……と。」などの言葉に注目しましょう。

2 歴史的仮名遣いを正しく直す

歴史的仮名遣いで、ワ行の「ゐ・ゑ・を」は、「い・え・お」に直しましょう。（ただし、助詞の「を」は現代仮名遣いでも、そのまま「を」と書きます。）

例 ゐる→いる（居る）
ゑむ→えむ（笑む）
をとこ→おとこ（男）

3 指示語の内容をとらえる

前の内容に注目して、指示語の内容を考えます。

「葛木の尼寺の前の蓼原の中に、人の泣き叫ぶこゑあり」

＝

「これを聞きて、その所に馳せ至りぬ」

どこのこと？
↓泣き声が聞こえる場所

古文でかくにん②

真夜中の泣き声 ②

「今昔物語集(こんじゃくものがたりしゅう)」より

（夜の見回りをしていた人は、泣き声の聞こえる草むらへ向かうと、怪(あや)しげな男がいたので、つかまえたところ、なんと盗人(ぬすびと)だった。）

その寺の弥勒菩薩(みろくぼさつ)の銅(あかがね)の像〔銅像〕を盗(ぬす)み取りて、破り損ぜむ(ン)〔こわそう〕とするなりけり。すなはち(ワ)、夜行の人、その盗人をからめ捕(と)らへ(エ)て、官に送りて〔役所につき出して〕獄(ひとや)に戒(いまし)めつ〔牢屋(ろうや)に閉じこめた〕。天皇に①この由(よし)を奏(そう)して〔申し上げて〕、仏をば取りて、本(もと)のごとく寺に安置(あんぢ)し奉(たてまつ)りつ〔安置し申し上げた〕。

これを思ふ(ウ)に、菩薩は血肉(ちしし)を具し給(たま)(ワ)はず〔もっていらっしゃらない〕。②豈(あ)に痛み給ふ(ウ)ところあらむ(ン)や〔どうしてお痛みになるところがあろうか〕。しかるに〔だとしたら〕、ただこれ＊凡夫(ぼんぷ)のために示し給ふ(ウ)ところなり。「盗人に重き罪を犯(おか)さしめじ〔犯させないようにしよう〕」と思ひ(イ)給ふ(ウ)ためなり。

＊凡夫…仏教のことをよくわかっていない人。

問題

★上の文章を読んで答えましょう。 ↓答えは別冊10ページ

1 ①この由 とありますが、どのようなことですか。□に当てはまる言葉を古文中からぬき出しましょう。

□□□□の銅像を盗んだ盗人をつかまえたこと。

2 ②豈に痛み給ふところあらむや とありますが、なぜこのように考えられるのですか。次から一つ選びましょう。

ア 菩薩には肉体がないから。
イ 菩薩は我慢(がまん)強いから。
ウ 菩薩はいたって健康だから。 （　　）

3 本文の内容に当てはまるものを次から一つ選びましょう。

ア 菩薩は、苦痛にたえかねて泣いた。
イ 菩薩は、人々に仏教を広めるために泣いた。
ウ 菩薩は、盗人に重い罪を犯させないために泣いた。 （　　）

読み取りのポイント

1 だれが、何をしたのかをとらえる

前の部分に注目して、だれが何をしたのか、整理しましょう。

盗人…弥勒菩薩の銅像を盗む
夜行の人…盗人をつかまえ、天皇に**そのこと**を報告

2 根拠(こんきょ)をとらえる

直前の文の内容をとらえましょう。

「菩薩は血肉を具し給はず」
…菩薩は**血や肉**をもっていない。
↓
「豈に痛み給ふところあらむや。」

3 文章の流れを読み取る

菩薩…痛みを感じない
↓では、菩薩はなぜ泣き叫んだのか。
「凡夫のために示し給ふ」
「『**盗人に重き罪を犯さしめじ**』と思ひ給ふ」
↓盗人のためを思って泣き叫んだ。

真夜中の泣き声 ② 「今昔物語集」より

とらえた盗人のそばには葛木の尼寺の弥勒菩薩像が……
男は、弥勒菩薩像をこわそうとしていたのだ。
1
見回りの男は盗人を役所に連れて行き、盗人は牢屋へ。
2
この事件を聖武天皇に報告し、
3
盗まれた弥勒菩薩像は、もとの葛木の尼寺へ再びもどされた。
4
ところで、弥勒菩薩には肉体がないのだから、痛みを感じるはずがない。
痛い!
では、なぜ泣き叫んだのか、それは……
5
盗人に重い□を犯させないようにするため、弥勒菩薩が泣いて知らせてくださったのだ。
言葉をうめてみよう!
6

まんがの□に入る言葉…罪

覚えタイ 話のパターン

不思議な話、ありがたい話

仏教の教えを広めるために書かれたお話を「仏教説話」といいます。仏教説話には、極楽や地獄に関する話、あり得ない奇跡が起こる話など、不思議な話が数多くあります。また、有名な僧侶の逸話や、教訓のある話などもあります。

また、仏教を信じて生活をしていたから、よいことが起きた、というパターンも多く、節制や謙虚を美徳として説くものが多いのも特徴です。

今回は、菩薩の不思議な力についての話だったね。

練習問題

1 次の文章を読んで、問題に答えましょう。

「日本霊異記（にほんりょういき）」より

↓答えは別冊11ページ

（女（嬢（おうな））のもとに夫が通ってきたが、女は貧しく、夫にご飯を出すこともできない。女は家にあった観音菩薩像（かんのんぼさつぞう）にいのる。）

「恥（はぢ）を受けしむることなかれ。我に速（すみ）やかに財（たから）を施（ほどこ）せ」
とまうす（モウ）。まかり出（い）でて先のごとくに、①むなしきかまど
に向かひ（イ）、頬（ほほ）を押（お）さへ（エ）てうずくまる。ここに日の申（さる）の時
に、たちまちに門をたたきて人を呼ぶ。出でて見れば、
②隣（となり）の富める家の乳母（めのと）あり。大櫃（おほびつ）に百味の飲食（おんじき）を具（そな）へ（エ）納め、
うまく香り、具はら（ワ）ぬ物なし。器はみな鋺（かなまり）・漆塗（うるしぬ）りの皿
なり。すなはち（ワ）与（あた）へ（エ）ていはく（ワ）、「③客人（まれひと）ありと聞くがゆゑ（エ）に、
隣の大家（たいこ）、つぶさにものをたてまつり入る。ただし器は
後にたまへ（エ）」といふ（ウ）。

（語注）
- 恥を受けしむることなかれ…恥をかかせないでください
- まかり出でて…（観音像がある部屋から）出て
- むなしき…からっぽの
- ここに…すると
- 日の申の時に…午後四時ごろに
- たちまちに…急に
- 大櫃に百味の飲食…大きな箱にさまざまな味の（めずらしい）食べ物
- 鋺…金属製の椀（わん）
- すなはち…さっそく
- 大家…奥様（おくさま）が
- つぶさに…いろいろと
- たてまつり入る…差し上げるのです
- たまへ…（返して）ください

（解説）
- 「まうす」の主語は女。
- 女がどうしたらいいかわからず途方（とほう）にくれている様子。
- 主語がだれなのか、読み取ろう。
- 必要なものがすべてそろっていたということ。
- 立派な食器だったということ。

登場人物を確認！
- 「女（嬢）」…夫をもてなせないほど貧しく観音菩薩にいのる。
- 「乳母（使ひ）」…隣の裕福（ゆうふく）な家に仕える女性。
- 「大家（室）」…隣の家の女主人。

1 ①むなしきかまど は、どのようなことを表していると考えられますか。次から一つ選びましょう。

ア 夫が大食いなこと。　イ 女が信心深いこと。
ウ 女が貧しいこと。　エ 夫がやさしいこと。
（　　）

ヒント 前後の内容に注目しよう。「むなしき」とは、ここでは「からっぽの」という意味だよ。

2 ②隣の富める家の乳母あり とありますが、乳母は何のために女の家に来たのですか。□に当てはまる言葉を古文中からぬき出しましょう。

［　　　　　］を女にあげるため。

ヒント 「乳母」の様子と発言に注目しよう。「ものをたてまつり入る」とは何のことかな。

3 ③客人 とありますが、だれのことですか。次から一つ選びましょう。

ア 女　イ 夫　ウ 乳母　エ 大家
（　　）

ヒント 女がもてなしたいと思っているのはだれかな。

❷ 次の文章を読んで、問題に答えましょう。（❶の話の続きです。）

（女は使いの乳母（めのと）への礼として着ていた服を与（あた）え、夫をもてなし、翌日、感謝を伝えるため、隣（となり）の家へ行った。）

嫗（をうな）、その富める家に行きて、幸ひの心を述べて、喜び貴（たふと）ぶ。隣の家の室（とじ）いはく、「愚（おろ）かなるをとめなるかな。もし、鬼（もの）に狂（くる）へるか。①我は知らず」といふ。その使ひなほしいはく、「我もまた知らず」といふ。責められて家に帰り、常のごとく礼（ゐや）せむとして、堂に入りて見れば、使ひに着せたりし黒き衣（きぬ）、銅像にかがふれり。②ここにすなはち知る、観音（かんのん）の示したまふところなりしことを。よりて因果を信じ、ますます懇（ねもこ）ろに勤めて、その像を恭敬（くぎやう）しまつる。

嫗：女　喜び貴ぶ：感謝した　室：女主人　もし：もしかして　幸ひの心を述べて：お礼を述べて　なほ：やはり　礼せむ：（観音菩薩（かんのんぼさつ）に）礼拝しよう　かがふれり：かかっていた　ここに：そこで　因果：因果応報の定め　懇ろに勤めて：心をこめて礼拝して　恭敬しまつる：敬いたてまつった

「は」などの言葉が省略されている。

女の言っていることがさっぱりわかっていないことを示している。

乳母にあげた服を銅像が着ていることを、女はどうとらえているかな。

原因の善悪が結果の善悪とつながっているという考え。

1 ①我は知らず とありますが、何を知らないのですか。次から一つ選びましょう。

ア 女のために乳母に料理を持って行かせたこと。
イ 女が鬼にとりつかれているかもしれないこと。
ウ 乳母が勝手に女の家で料理を作っていたこと。

（　　）

2 ②ここにすなはち知る とありますが、何を知ったのですか。□に当てはまる言葉を古文中からぬき出しましょう。

昨日、料理をくれたのは、□だったということ。

ヒント：女がお礼としてわたした服を持っていたのは、だれだったのかな。

3 古文の内容に当てはまるものを、次から一つ選びましょう。

ア 観音像にかかっていた衣は、乳母が着せたものだった。
イ 女が感謝の言葉を述べに行くと、室や乳母はお礼の受け取りを辞退した。
ウ 料理の送り主が判明して、女はますます礼拝にはげむようになった。

（　　）

まんがでつかもう

8 芸は身を助ける

教養や技術は、思いがけないところで役立つことがあるよ。どんなことが重視されたか、見ていこう。

勉強した日　月　日

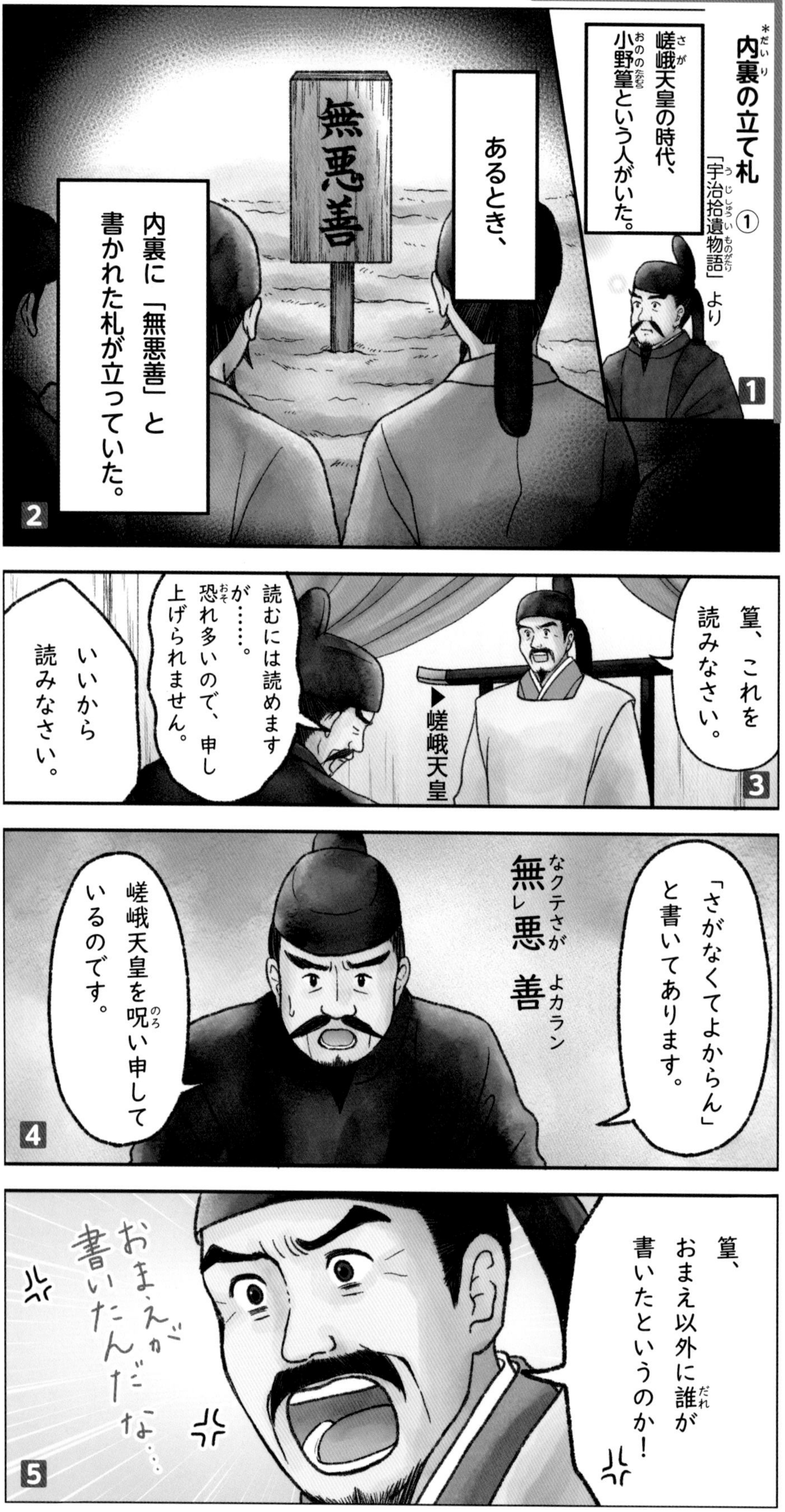

＊内裏の立て札
「宇治拾遺物語」①より
嵯峨天皇の時代、小野篁という人がいた。
1
あるとき、
無悪善
内裏に「無悪善」と書かれた札が立っていた。
2
篁、これを読みなさい。
▶嵯峨天皇
読むには読めますが……。恐れ多いので、申し上げられません。
いいから読みなさい。
3
「さがなくてよからん」と書いてあります。
無レ悪善
嵯峨天皇を呪い申しているのです。
4
篁、おまえ以外に誰が書いたというのか!
おまえが書いたんだな…
5

＊内裏…天皇の住まい。宮中。

次のページで，この話を古文で読んでみよう。話の続きは44～45ページで！

古文でかくにん①

内裏(だいり)の立て札 ①

「宇治拾遺物語(うじしゅういものがたり)」より

今は昔、小野篁(おののたかむら)といふ(ウ)人おはし(ワ)けり(いらっしゃった)。嵯峨(さが)の帝(みかど)の御時(おほんとき)に(嵯峨天皇の時代に)、内裏に札を立てたりけるに、①「無悪善」と書きたりけり。帝、篁に、「読め」と仰(おほ)せられたりければ(おっしゃったので)、「読みは読み候(さぶら)ひ(イ)なん(読むことは読みましょう)。されど恐(おそ)れにて候へ(エ)ば(恐れ多いことですので)、え申し候は(ワ)じ(申し上げられません)」と奏(そう)しければ(申し上げたところ)、「ただ申せ」とたびたび仰せられければ、「さがなくてよからんと申して候ふ(ウ)ぞ。されば②君を呪(のろ)ひ(イ)参らせて候ふ(ウ)なり」と申しければ、「③おのれ放ちては誰(たれ)か書かん」と仰せられければ、……

問題

★上の文章を読んで答えましょう。

➡答えは別冊12ページ

1 ①無悪善 とありますが、小野篁は何と読みましたか。古文中からぬき出しましょう。

（　　　）

2 ②君を呪ひ参らせて候ふなり とありますが、なぜ呪いといえるのですか。□に当てはまる漢字二字の言葉を古文中からぬき出しましょう。

札に書かれた言葉が「□□はいなくていい」という意味にも解釈(かいしゃく)できるから。

3 ③おのれ放ちては誰か書かん とありますが、どういう意味ですか。次から一つ選びましょう。

ア 私を除いてだれに書けるだろうか
イ おまえ以外にだれが書くだろうか
ウ 私を放っておいてだれが書いたのか

（　　）

読み取りのポイント

1 全体の話をとらえる

だれの発言なのか注意して、読み進めましょう。

帝「読め」
篁「恐れ多くて、読めません」
帝「いいから、読め」

というようなやりとりがあります。

2 同じ音の言葉を探す

「さがなし」は、本来「意地悪だ」という意味ですが、ここでは、帝を呪う言葉と解釈されています。「さが」とはほかに何を意味しているでしょうか。

3 文脈から意味をとらえる

前の内容に注目しましょう。

「無悪善」という言葉を帝への呪いの言葉として読んだ篁

←読めたということは？

帝「おのれ放ちては誰か書かん」

内裏の立て札 ②

「宇治拾遺物語」より

（内裏に立てられた「無悪善」と書かれた札。小野篁は嵯峨天皇に命じられて、しぶしぶ札の言葉を読むと、札を立てた犯人だと疑われた。）

「さればこそ、申し候はじ（申し上げますまい）とは申して候ひつれ」と申すに、*御門、「さて何も書きたらん物は読みてんや（読めるのだろうか）」と仰せられければ、①「何にても読み候ひなん」と申しければ、*片仮名の子文字を十二書かせて給ひて、②「読め」と仰せられければ、「ねこの子のこねこ、ししの子のこじし」と読みたりければ、③御門ほほゑませ給ひて（ほほえまれて）、事なくて（何事もなく）やみにけり（済んだのだった）。


*御門…帝と同じ。ここでは、嵯峨天皇のこと。

*片仮名の子文字…当時は「子」という字を片仮名の「ネ」として使っていた。

問題

★上の文章を読んで答えましょう。 ➡答えは別冊12ページ

1 ①何にても読み候ひなん とありますが、これはだれの発言ですか。次から一つ選びましょう。

ア 小野篁　イ 御門　（　　）

2 ②読め とありますが、何を読めと命じたのですか。□に当てはまる言葉を古文中からぬき出しましょう。

「□」という字を□個書いたもの。

3 ③御門ほほゑませ給ひて とありますが、御門はなぜほほえんだのですか。次から一つ選びましょう。

ア 札を立てた犯人がわかり安心したから。
イ 篁が上手に読んで、感心したから。
ウ 篁の対応が下手でおかしかったから。
（　　）

読み取りのポイント

1 だれが、何をしたのかをとらえる

前の部分に注目して、だれが何をしたのか、整理しましょう。

直前の「**さて何も書きたらん物は読みてんや**」は御門の言葉であることから、考えましょう。

2 何をしたのかをとらえる

直前の内容をとらえましょう。
「**片仮名の子文字を十二**書かせて給ひて」
↓
「読め」

3 文章の流れを読み取る

前の内容をとらえましょう。

御門の難しいお題を、篁は、「**ねこの子のこねこ、ししの子のこじし**」と見事に読むことができました。

↓お題に対する篁の答えはすばらしかった。

内裏の立て札 ②「宇治拾遺物語」より

嵯峨天皇を呪う札を書いた犯人だと思われた篁……
だから、言いたくないと申しましたのに。
1
だったら、書いてあるものは何でも読めるのか。
はい、何でも読みましょう。
2
ばん
では、これを読め。
子子子子子子子子子子子子
ねこの子の□、獅子の子の子獅子
答えはまんがの最後にあります。
言葉をうめてみよう!
3
それを聞いた嵯峨天皇は思わずほほえみ、
何事もなく済んだのだった。
4

まんがの□に入る言葉…こねこ

覚えタイ 話のパターン

教養の大切さ

現代と同様、古典の舞台になっている時代でも、教養はたいへん重視されました。特に、**漢文の知識**や、**和歌や漢詩をつくる技能**は、恋愛や仕事においても、大切なものとされました。

このお話の小野篁は、教養人として有名で、**小倉百人一首**にも「わたの原八十島かけて漕ぎ出でぬと人には告げよ海人の釣舟」という和歌が取られています。仕事でも優秀で、昼は朝廷で働き、夜は地獄で閻魔大王の補佐をしていた、というお話も伝わっています。

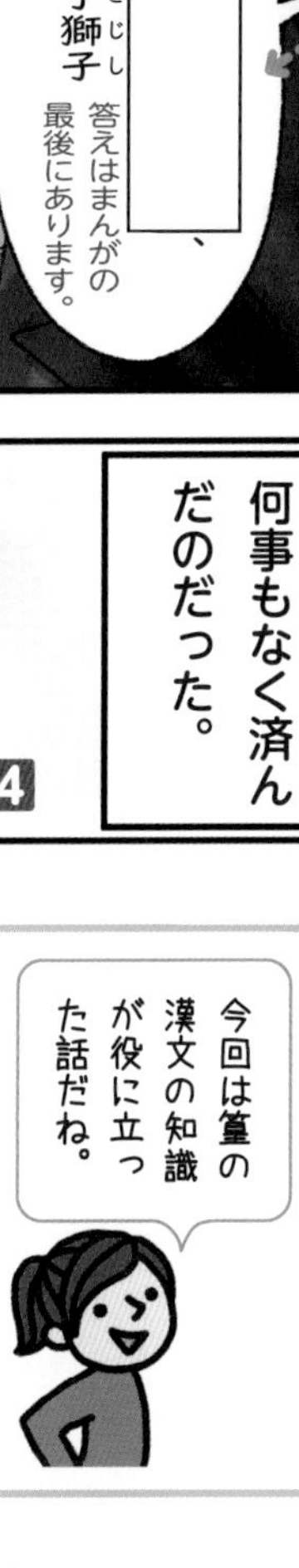

今回は篁の漢文の知識が役に立った話だね。

練習問題

「宇治拾遺物語（うじしゅういものがたり）」より

↓答えは別冊13ページ

1 次の文章を読んで、問題に答えましょう。

今は昔、木こりの、山守（やまもり）に斧（よき）を取られて、①わびし、心（こころ）憂（う）しと思ひ(イ)て、頬杖（つらづゑ）つきてをり(オ)ける。山守見て、「さるべきことを申せ。取らせん」といひ(イ)ければ、

悪（あ）しきだになきはわりなき世の中に
よきを取られてわれいかにせん

と詠（よ）みたりければ、山守返しせんと思ひ(イ)て、「うううう」とうめきけれど、②えせざりけり。さて斧返し取らせてければ、うれしと思ひ(イ)けりとぞ。人はただ歌を構へ(エ)て詠むべしと見えたり。

- 木こりの、…主語を表す「の」。
- 斧（よき）…「斧（よき）」は「おの」のこと。
- 山守見て、…「を」が省略されている。
- わびし…困った、つらい
- さる…この
- さるべきこと…場にふさわしい和歌
- 取らせん…返してやろう
- 悪しきだに…悪いものでさえ
- わりなき…つらい
- いかにせん…どうしようか
- と詠みたりければ…主語は「木こり」
- 返し…返事の和歌
- えせざりけり…できなかった
- 構へて…心がけて
- 見えたり…思われる
- 人はただ歌を構へて詠むべしと見えたり。…この話の教訓。

登場人物を確認！

- 「木こり」…山林の木を切り出すことを仕事にする人。
- 「山守」…山の番人。不正を取りしまっている。

1 ①わびし、心憂し と木こりが思っているのはなぜですか。□に当てはまる言葉を古文中からぬき出しましょう。

［　　］に［　　］を取られたから。

2 ②えせざりけり とありますが、何ができなかったのですか。古文中から二字でぬき出しましょう。

［　　］

ヒント 木こりの和歌を聞いて、山守は何をしようと思ったのかな。

3 古文中の和歌の説明として当てはまらないものを、次から一つ選びましょう。

ア 「よき」は「良き」と「斧」の掛詞（かけことば）である。
イ 「悪しき」と「よき」が対比されている。
ウ 「き」を多用することでリズムが生まれている。
エ 質の悪い斧を使う悲しみがこめられている。

（　　）

ヒント 「掛詞」は、一つの語に二つの意味をもたせる和歌の表現技法だよ。

練習問題

2 次の文章を読んで、問題に答えましょう。

「古今著聞集（ここんちょもんじゅう）」より

➡答えは別冊13ページ

博雅（はくが）の三位（さんみ）の家に盗人（ぬすびと）入りたりけり。三品（さんぼん）〔三位（＝博雅）は〕、板敷（いたじき）のしたに逃（に）げ隠（かく）れにけり。盗人帰り、さて後、はひ（イ）（い）出でて、家中を見るに、残りたる物なく、みな①とりてけり。篳篥（ひちりき）〔篳篥（という笛）〕一つを置物の厨子（づし）〔一つを戸棚（とだな）に〕に残したりけるを、三位とりて吹（ふ）かれたりけるを、出でて去りぬる盗人はるかに〔遠くから〕これを聞きて、感情おさへ（エ）がたくして②帰りきたりて言ふやう（ウ）（ヨウ）、「ただ今の御（おほん）篳篥の音（ね）をうけたまはる（ワ）に〔お聞きするに〕、あはれ（ワ）にたふと（トウ）く候（さぶら）ひ（イ）て〔しみじみとすばらしくございまして〕、悪心みなあらたまりぬ。とるところの物どもことごとく〔すべて〕に返したてまつるべし〔お返ししましょう〕」と言ひ（イ）て、③みな置きて出でにけり。昔の盗人は、またかく優（いう）なる心〔このような優美な心〕もありけり。

「が」が省略されている。

三位の笛の音を指している。

この話に対する、作者の感想。

登場人物を確認！

● 「博雅の三位」…源博雅（みなもとのひろまさ）。篳篥という笛の名手。
● 「盗人」…博雅の三位の家におし入った泥棒（どろぼう）。

1 ①とりてけり はだれの行動ですか。古文中からぬき出しましょう。

（　　　　）

2 ②帰りきたりて とありますが、なぜ帰ってきたのですか。次から一つ選びましょう。

ア 篳篥を盗み忘れていたことを思い出したから。
イ 博雅の三位の笛の音に感動し、改心したから。
ウ 博雅の三位の演奏を近くで聞きたかったから。
エ だれが演奏しているのか確かめたかったから。

（　　　　）

ヒント 「感情おさへがたく」の「感情」の内容を、盗人の発言から読み取ろう。

3 ③みな置きて出でにけり とありますが、何を置いていったのですか。古文中からぬき出しましょう。

（　　　　）

ヒント 「返したてまつるべし」と言って、置いていったんだね。何を返したのだろう。

9 機転を利かす

どうしてもしたいことや困難なことを、機転を利かせてすっきり解決！　そんな話を読んでいこう。

まんがでつかもう

毒の飴？　①
「沙石集」より
ある寺にケチな坊主がいました。
1
うっまーー!!
はっ!!
飴を持っていましたが、一人で食べ、児には食べさせません。
2
これは人が食べると死ぬものなんだよ。
…
3
出かけてくるぞ。
ある日、坊主が出かけたとき、
ハイッ!!
や、やったー!!!
4
児が棚から飴を取り出そうとすると、こぼしてしまい、飴が小袖や髪についてしまいました。
わあっ!!
5
それから、児は
日頃食べたいと思っていた飴を二、三杯食べると、
うまいっ!!
6
坊主が大事にしていた水瓶を
軒先の石に当てて、割ってしまいました。
えいっ!!
ガシャ!!
7
フウ…
8

次のページで，この話を古文で読んでみよう。話の続きは50〜51ページで！

勉強した日　　月　　日

古文でかくにん①

毒の飴(あめ)?①

「沙石集(しゃせきしゅう)」より

ある寺の坊主(ぼうず)、慳貪(けんどん)なりけるが(けちであったが)、飴を治(ぢ)して(飴をもっていて)ただ一人食ひ(イ)けり。よくしたためて(片づけて)、棚(たな)に置き置きしけるを(置いていたのを)、一人ありける小児(こちご)に食はせ(ワ)ずして、「①これは人の食ひ(イ)つれば死ぬる物ぞ」と言ひ(イ)けるを、この児(ワ)、あはれ(ああ)食は(ワ)ばや食は(ワ)ばや(食べたい食べたい)と思ひ(イ)けるに、坊主他行のひまに(出かけているすきに)、棚より取り下ろしけるほどに、うちこぼして、小袖(こそで)にも髪(かみ)にもつけたりけり。②日頃(ひごろ)ほしと思ひ(イ)ければ、二、三杯(ばい)よくよく食ひ(イ)て、坊主が秘蔵(ひぞう)の(大切にしていた)水瓶(みづがめ)を、雨だり*の石に打ち当てて、③打ち割りておきつ。

＊雨だりの石…雨粒(あまつぶ)で地面がへこまないように軒先(のきさき)に置く石。

問題

➡答えは別冊14ページ

★上の文章を読んで答えましょう。

1 ①これは人の食ひつれば死ぬる物ぞ と言ったのはなぜですか。次から一つ選びましょう。

ア 飴を食べられたくなかったから。
イ 児に健康でいてほしかったから。
ウ 水瓶を大切にしてほしかったから。

（　　）

2 ②日頃ほし とありますが、何がほしいのですか。次から一つ選びましょう。

ア 飴
イ 小袖
ウ 水瓶

（　　）

3 ③打ち割りておきつ の主語を、古文中から二字でぬき出しましょう。

読み取りのポイント

1 何のための行動かをとらえる

動作をする人の**性格に注目しましょう。**

「ある寺の坊主、**慳貪なりける**」
↓
「これは人の食ひつれば死ぬる物ぞ」

2 文章の話題をとらえる

前の部分に注目して、話題になっていることをとらえましょう。

「日頃ほし」＝「あはれ食はばや」
↓
「**人の食ひつれば死ぬる物**」
＝坊主が「棚に置き置きしける」もの

3 文章の流れを読み取る

「だれが何をどうした」のかに注目します。

「棚より**取り下ろし**」
「二、三杯よくよく**食ひて**」
「水瓶を、雨だりの石に**打ち当てて**、**打ち割りておきつ**」
→すべて同じ人物の行動

古文でかくにん②

毒の飴（あめ）？　②

「沙石集（しゃせきしゅう）」より

「食べたら死ぬ」と言われて食べさせてくれない飴を何としても食べたい児（ちご）は、坊主（ぼうず）がいない間に食べ、そのうえ、坊主の大事にしていた水瓶（みずがめ）を割った。坊主が帰ってくると、泣いたふりをして、語りだす。

「大事の御水瓶（おん）を、あやまちに（まちがって）打ち割りて候ふ時に（割りましたときに）、いかなる①御勘当（ごかんだう）かあらむずらむ（おしかりがあるだろうか）と、口惜しく（くちを）（残念に思って）覚えて、②命生きてもよしなしと思ひて、人の食へば死ぬと仰せ（おほ）られ候ふ（おっしゃいました）物を、一杯（いっぱい）食へども死なず、二、三杯まで食べて候へども（食べましたけれど）おほかた（全く）死なず。果ては小袖（こそで）につけ、髪（かみ）につけて侍れ（はべ）ども（つけましたが）、いまだ（まだ）死に候はず（死にません）」とぞ言ひける。飴は食はれて、水瓶は割られぬ。慳貪（けんどん）の坊主得（う）るところなし。③児の知恵（ちゑ）ゆゆしくこそ（すばらしいものだった）。

問題

⬇答えは別冊14ページ

★上の文章を読んで答えましょう。

1 ①御勘当 とありますが、何に対するおしかりですか。次から一つ選びましょう。

ア　飴をこぼしたこと。

イ　水瓶を割ったこと。

ウ　飴を食べたこと。

（　　）

2 ②命生きてもよしなし とは、どういう意味ですか。次から一つ選びましょう。

ア　生きていてもよいかもしれない。

イ　生きることによいも悪いもない。

ウ　生きていてもしょうがない。

（　　）

3 ③児の知恵 とは、どのようなことですか。［　］に当てはまる言葉を古文中からぬき出しましょう。

「食べたら死ぬ」と言われていた［　　］を食べた言い訳として、［　　］ためだったと言ったこと。

読み取りのポイント

1 話の流れをとらえる

前の部分に注目しましょう。

「大事の御水瓶を、あやまちに打ち割りて」

←「いかなる御勘当かあらむずらむ」

2 文章の流れから意味をとらえる

「命生きてもよしなし」

←「人の食へば死ぬと仰せられ候ふ物を、**一杯食へども死なず**、……」

人が食べたら死ぬというものを食べる気持ちが「命生きてもよしなし」に表れています。

3 文章全体をとらえる

児は、「食べたら死ぬ」と言われていたものを食べてから坊主の秘蔵の水瓶をわざと割る

↓ "水瓶を割ったから、「食べたら死ぬ」ものを食べた" という言い訳

↓した順番が逆になっている。

まんがでつかもう

毒の飴？ ②
「沙石集」より
ただいま
坊主が帰ってくると、児が泣いています。
しくしく…
しくしく…
？
どうして泣いているんだ？
うえーん！
大事にされていた水瓶を割ってしまいました。
どんなに叱られるだろうと思うとつらくて、生きていても仕方ないと思い、
人が食べると死ぬという物を、一杯食べましたが死なず、
ペロ
ペロペロ
二、三杯食べましたが、死ねません。
ベタ
ベタ
小袖や髪につけても、まだ死ねません。
ザ
言葉をうめてみよう！
□は食われるわ、大事にしていた水瓶は割られるわで、坊主は損ばかり。
答えはまんがの最後にあります。
ずーん
この児の知恵はなんともすばらしいものでした。
ヘッ ヘッ ヘッ

まんがの□に入る言葉…飴

覚えタイ 話のパターン

機転で切りぬける

機転を利かせる話にはいろいろなバリエーションがあります。たとえば、『枕草子』には、次のような話があります。

中宮定子が有名な漢詩をふまえて、**「香炉峰の雪はどんなだろう」**と問うたとき、清少納言がその漢詩の一節**「香炉峰の雪は簾を撥げて看る」**になぞらえて、**実際に簾をあげて応えた**ところ、みなに感心された、という話です。昔から臨機応変な対応は、尊ばれたのです。

今回は飴を食べるために機転を利かせたんだね。

練習問題

1 次の文章を読んで、問題に答えましょう。

「沙石集(しゃせきしゅう)」より

➡答えは別冊15ページ

（中国(ちゅうごく)のある男が、銀(しろがね)の軟挺(なんてい)（上質の銀）が六つ入ったふくろを拾った。）

妻、心素直に欲なき者にて、「我らは商(あきな)うて過ぐれば、事も欠けず。この主(ぬし)、いかばかり嘆(なげ)き求むらん。①いとほ（オ）しきことなり。主を尋(たづ)ねて返し給(たま)へ（エ）」と言ひ（イ）ければ、「まことに」とて、あまねく②触(ふ)れけるに、主といふ（ウ）者出(い)で来て、これを得て、あまりに嬉(うれ)しくて、「三つをば奉(たてまつ)らん」と言ひ（イ）て、既(すで)に分かつべかりけるとき、思ひ（イ）返して、煩(わづら)ひ（イ）を出ださんがために、「七つこそありしに、六つあるこそ不思議なれ。一つは隠(かく)されたるにや」と言ふ（ウ）。「③さることなし。もとより六つこそありしか」と論ずるほどに、果ては、国の守(かみ)のもとにして、これを断らしむ。

- 妻、…「は」が省略されている。
- 商うて過ぐれば…商売をして生活している
- 事も欠けず…不足はないので
- いとほしき…気の毒な
- なり…ことだ
- まことに…妻の言葉に納得していることを表している。
- あまねく…広く
- これ…なくした銀の軟挺のこと。
- 奉らん…差し上げよう
- 既に分かつべかりけるとき…まさに分けようとしたとき
- 煩ひを出ださんがために…面倒(めんどう)を引き起こそうとして
- 「七つこそありしに、…と言ふ。…難癖(なんくせ)をつけている場面。
- これを断らしむ…判断してもらうことになった

登場人物を確認！

- 「男」「妻」…正直者の夫婦。
- 「主」…銀の軟挺の持ち主。
- 「国の守」…事の裁きをすることになった役人。国司。

1 ①いとほしきことなり とありますが、だれが気の毒なのですか。古文中から一字でぬき出しましょう。

［　　］

2 ②触れける とありますが、ここではどのような意味ですか。次から一つ選びましょう。

ア 拾った銀を手で直接持ちかかえたということ。
イ 拾った銀を会った人にあげたということ。
ウ 銀を拾ったことを知らせて回ったということ。

（　　）

「返し給へ」と妻に言われて、夫がしたことだね。

3 ③さることなし とありますが、どういうことですか。次から一つ選びましょう。

ア 豊かに生活できているわけではないということ。
イ 拾った銀の一部をぬすんではいないということ。
ウ もらう予定の銀を受け取っていないということ。

（　　）

「さる」は「そういう」という意味の言葉だよ。

おそれいりますが，切手をおはりください。

1418426

東京都品川区西五反田２－11－８
（株）文理

「わからないをわかるにかえる
中学国語　古文・漢文1～3年」
アンケート 係

ご住所	〒 都道府県 市区郡 電話 － －			
お名前	フリガナ	男・女	学年 年	
お買上げ月	年 月	学習塾に	□通っている □通っていない	
スマートフォンを	□持っている □持っていない			

＊ご住所は町名・番地までお書きください。

＜はがきで送られる方はここを切り取ってください。

「わからないをわかるにかえる　中学国語　古文・漢文１～３年」をお買い上げいただき，ありがとうございました。今後のよりよい本づくりのため，裏にありますアンケートにお答えください。

アンケートにご協力くださった方の中から，抽選で（年２回），**図書カード1000円分**をさしあげます。（当選者の発表は賞品の発送をもってかえさせていただきます。）なお，このアンケートで得た情報は，ほかのことには使用いたしません。

《はがきで送られる方》

① 左のはがきの下のらんに，お名前など必要事項をお書きください。
② 裏にあるアンケートの回答を，右にある回答記入らんにお書きください。
③ 点線にそってはがきを切り離し，お手数ですが，左上に切手をはって，ポストに投函してください。

《インターネットで送られる方》

文理のホームページよりアンケートのページにお進みいただき，ご回答ください。

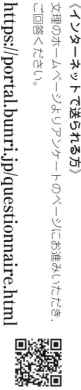

https://portal.bunri.jp/questionnaire.html

アンケート

●次のアンケートにお答えください。回答は右のらんにあてはまる□をぬってください。

[1] この本を選んだのはどなたですか。　① 自分(中学生)　② 保護者　③ その他

[2] この本を選ばれた理由は何ですか。(複数可)
① 内容・レベルがちょうどよいので　② マンガを用いた説明がわかりやすいので
③ 付録がよかったので　④ 知り合いにすすめられたので
⑤ 書店やネットなどですすめられていたので　⑥ 同シリーズの学年別を使用してよかったので
⑦ 高校入試に備えて　⑧ その他

[3] この本の使用目的を教えてください。(複数可)
① 苦手分野の克服　② 学力テスト対策
③ 授業の予習・復習　④ 入試直前の追い込み
⑤ 受験勉強のはじめに　⑥ その他

[4] この本を使い始めたのはいつごろですか。　① 中1　② 中2　③ 中3　④ その他

[5] 内容はいかがでしたか。　① わかりやすい　② わかりにくい　③ その他

[6] あらすじマンガはいかがでしたか。　① 理解に役立つ　② 理解に役立たない　③ その他

[7] 問題の量はいかがでしたか。　① ちょうどよい　② 多い　③ 少ない

[8] 問題のレベルはいかがでしたか。　① ちょうどよい　② 難しい　③ やさしい

[9]「解答と解説」はいかがでしたか。　① 役に立つ　② ふつう　③ あまり役に立たない

[10] ページ数はいかがでしたか。　① ちょうどよい　② 多い　③ 少ない

[11] カラーの誌面デザインはいかがでしたか。　① よい　② ふつう　③ よくない

[12] 付録のミニブックはいかがでしたか。
① 役に立つ　② あまり役に立たない　③ まだ利用していない

[13] ミニブック以外にどのような付録があるとよいですか。(複数可)
① カード　② 要点まとめ下敷き　③ ポスター　④ 解説動画　⑤ その他

[14] 文理の問題集で，使用したことがあるものがあれば教えてください。(複数可)
① 中学教科書ワーク　② 中間・期末の攻略本　③ わからないをわかるにかえる(学年・分野別)
④ 完全攻略　⑤ コーチと入試対策！　⑥その他

[15]「わからないをわかるにかえる　中学国語　古文・漢文１～３年」について，ご感想やご意見・ご要望等がございましたら，教えてください。

[16] 文理以外の本で，お使いになっている参考書や問題集がございましたら，教えてください。また，どんな点がよかったかも教えてください。

アンケートの回答：記入らん

[1] □①　□②　□③(　　)

[2] □①　□②　□③　□④　□⑤　□⑥
□⑦　□⑧(　　)

[3] □①　□②　□③　□④　□⑤
□⑥(　　)

[4] □①　□②　□③　□④(　　)

[5] □①　□②　□③(　　)

[6] □①　□②　□③(　　)

[7] □①　□②　□③　|　[10] □①　□②　□③

[8] □①　□②　□③　|　[11] □①　□②　□③

[9] □①　□②　□③　|　[12] □①　□②　□③

[13] □①　□②　□③　□④
□⑤(　　)

[14] □①　□②　□③　□④　□⑤
□⑥(　　)

[15]

[16]

ご協力ありがとうございました。わからないをわかるにかえる古文・漢文

2 次の文章を読んで、問題に答えましょう。（1の話の続きです。）

人を見る目がある、ということ。

本当は、主が正直者とは思っていない。

「こそ」があるので、係り結びの法則の結びとなる「あらめ」などの言葉が省略されている。

国の守(かみ)、眼賢(まなこさか)しくして（眼力にすぐれていて）、「この主(ぬし)は不実の者なり。この男は正直の者」と見ながら、不審(ふしん)なりければ、かの妻を召(め)して（お呼びになって）別の所にて、事の子細を尋ぬるに、夫が状(じゃう)（言うこと）に少しもたがはず（ちがっていない）。「この妻は極(きは)めたる正直の者」と見て、かの主、①不実の事確かなりければ、国の守の判にいはく、「このこと、確かの証拠(しょうこ)なければ判じがたし（判断しにくい）。ただし、ともに正直の者と見えたり。夫妻また言葉変はらず、②主の言葉も正直に聞こゆれば、七つあらん軟挺(なんてい)（七つあるような銀）を尋(たづ)ねて取るべし。これは六つあれば、別の人のにこそ」とて、六つながら夫妻にたまはりけり（おあたえになった）。宋朝(そうてう)の人（宋代の人は）、いみじき成敗とぞ、あまねく（広く）褒(ほ)めののしりける（さかんに褒めたたえた）。

1 ①不実の事 とありますが、具体的には何のことですか。□に当てはまる言葉を古文中からぬき出しましょう。

本来は［　　　］の銀を［　　　］あるはずだと言い張っていること。

2 ②主の言葉も正直に聞こゆれば とありますが、なぜこのように言っているのですか。次から一つ選びましょう。

ア 信じたふりをして、主の不実をこらしめるため。
イ 裁きをあいまいにして、責任をのがれるため。
ウ 主の反応を観察して、事の真相をさぐるため。

（　　）

ヒント 国の守は、主を「正直」だとは思っていないね。

3 国の守の判断について、この文章ではどのような評価がされていますか。古文中から六字でぬき出しましょう。

［　　　　　　］

ヒント うそつきが損をして、正直者が得をする判断をしたんだね。

3 まとめのテスト

勉強した日　月　日
得点　/100点
⬇答えは別冊16ページ

◆次の文章を読んで、問題に答えましょう。

（勝四郎は妻に「秋にはもどる」と言い残し、一旗あげるために上京したが、戦乱などが続き、七年後にやっと帰郷し、久々に妻と過ごした。）

五更の天明けゆくころ、うつつなき心にもすずろに寒かりければ、衾かづかんとさぐる手に、何物にやさやさやと音するに目さめぬ。①顔にひやひやと物のこぼるるを、雨や漏りぬるかと見れば、屋根は風にまくられてあれば、有明月のしらみて残りたるも見ゆ。家は扉もあるやなし。簀垣朽ち崩れたるひまより、②荻・薄高く生ひ出でて、朝露うちこぼるるに、袖湿ぢてしぼるばかりなり。壁には蔦・葛延ひかかり、庭は葎に埋もれて、秋ならねども③野らなる宿なりけり。さてしも臥したる妻はいづち行きけん見えず。

（注）五更＝午前五時ごろの空が　うつつなき心にも＝夢見心地にも　すずろに＝なんとなく　衾かづかん＝夜具をかけよう　まくられてあれば＝めくり取られているので　有明月＝明け方まで残る月が　しらみて残りたる＝白く残っている　あるやなし＝あるのかないのか　簀垣＝すのこ状の床が　袖湿ぢて＝ぬれて　延ひかかり＝はびこり　野らなる宿＝（秋の）野原のような（あれた）家　さてしも＝それにしても　いづち行きけん＝どこに行ったのだろうか

1 ①顔にひやひやと物のこぼるる　とありますが、顔には何がかかっていたのですか。古文中からぬき出しなさい。（10点）

（　　　　）

2 ②荻・薄高く生ひ出でて　とありますが、「荻・薄」と「高く生ひ出でて」の間に補うことのできる助詞を、一つ選びなさい。（10点）

ア　に　　イ　が
ウ　を　　エ　へ

（　　　　）

3 ③野らなる宿なりけり　とありますが、具体的には家はどのような様子でしたか。当てはまらないものを次から選びなさい。（20点）

ア　屋根から雨漏りがする。
イ　扉があるかないか判らない位朽ちている。
ウ　床が崩れたすきまから植物が生えている。
エ　壁には植物が伝っている。

（　　　　）

（中略）＊わが身ひとつはもとの身にして〔わが身だけがもとの自分のままで〕と、あゆみ巡るに〔（家を）歩き回っていると〕、むかし閨房〔寝室〕にてありし所の簀子をはらひ、土を積みて塚〔墓〕とし、雨露を防ぐまうけ〔設備〕もあり。夜の霊はここもと④よりや〔昨夜の霊はここから（出てきたの）か〕と恐ろしくも且つなつかし。水向の具物せし〔お供えの水の器がある〕中に、木の端をけづりたる〔けずったもの〕に、＊那須野紙の〔那須野紙で〕いたう古びて、文字もむら消えして所々見定めがたき〔とても古くなって、文字もあちこち消えて所々読めなくなった紙が（はってあって、その文字は）〕、正しく妻の筆の跡なり。法名といふものも年月もしるさで〔記さないで〕、三十一文字に末期の心⑤〔亡くなるときの心〕をあはれにも述べたり。

さりとも思ふ心にはかられて〔それでも（もうすぐ帰ってくるだろう）と思う自分の心にだまされて〕

世にもけふまでいける命か〔よくも今日まで生きてきた命であることよ〕

ここに初めて妻の死したるを悟りて⑥、大いに叫びて倒れ伏す。

〈『雨月物語』「浅茅が宿」による〉

＊荻・薄・蔦・葛・葎…それぞれ植物の名前。
＊秋ならねども…「秋の野ら」という定型表現をふまえている。
＊わが身ひとつはもとの身にして…「月やあらぬ春や昔の春ならぬわが身ひとつはもとの身にして」（在原業平）という和歌をふまえている。
＊那須野紙…和紙の一種。

4 ④ここもと とは、どこのことですか。古文中から一字でぬき出しなさい。（10点）

［　　］

5 ⑤末期の心 とは、どのような心ですか。次から一つ選びなさい。（20点）

ア 再会できたいとしい夫を思いながら死ぬ愛情に満ちた心。
イ 病に苦しみ、一人さびしく死んでいく虚しさを嘆く心。
ウ 夫の帰りを待ち続け、ついに再会できずに死ぬ無念の心。

（　　）

6 ⑥妻の死したるを悟りて とありますが、男はなぜ妻の死に気づいたのですか。「妻の字」「墓」という言葉を用いて、説明しなさい。（30点）

（　　）

プラスワン 「ぬ」に注目！

40ページ「具はらぬ物なし」の「ぬ」は「〜ない（打ち消し）」、47ページ「あらたまりぬ」、の「ぬ」は「〜た（完了）」という意味でした。「〜ない」のときは、直前がア段、直後が名詞、「〜た」のときは、直前がイ段、文末であることが多いです。54ページ上段3行目の「目さめぬ」の「ぬ」はどちらでしょうか。これは「〜た」です。前後から判断できないときは、文脈から判断しましょう。

古典こぼれ話

ほかにもある　こんな話

思いがけない奇跡

◆失われない愛情

河内国（現在の大阪府の一部）の寺にある阿弥陀仏の絵には次のような由来が伝わっています。

―「日本霊異記」より

ある女性が、夫の亡くなるときに、仏像を造ろうと思ったのですが、貧しくて、その願いをかなえることができませんでした。女性は何年もこつこつお金をため、やっと絵師に仏の絵を依頼できるようになりました。絵師も女性の心に感動し、すばらしい阿弥陀仏の絵を完成させました。

しかし、ある日、盗人が入り、絵を安置していた建物に火を放ってしまいました。建物は全焼してしまいましたが、なんと阿弥陀仏の絵だけは傷もなく焼け残っていたのです。

問題①

絵が焼けなかった理由を、本文ではこの後どう説明しているでしょう。次のア～ウから選びましょう。（　）

ア　亡き夫のために手厚く供養する女性を仏が助けたから。

イ　すばらしい出来の絵を特別な場所で保管していたから。

ウ　火を放った盗人が絵を他の場所に持ち出していたから。

芸は身を助ける

◆和歌で病気が治る!?

―「十訓抄」より

和泉式部の娘、小式部内侍が重い病気になってしまいました。もうこれまでかという状況で、和泉式部はそばで泣くばかり。小式部内侍は、うっすらと目を開いて、母の顔をじっと見つめ、苦しくふるえる声で次のような歌を詠みました。

いかにせむ（ん）いくべき方をおもほ（オ）えず

親に先立つ道を知らねば

（どうしたらよいのでしょう。生きる方法も進んでいく方向もわかりません。親に先立って死んでいく道を知らないので）

すると、天井から、あくびをかみ殺したような声で「ああ、いい歌だ」という声がしました。

なんとその後、小式部内侍の熱は下がり、病気が治ったのです。

問題②

小式部内侍の病気はなぜ治ったのでしょう。次のア～ウから選びましょう。（　）

ア　和泉式部の必死の看病が実ったから。

イ　好きな歌を詠んで心がなぐさめられたから。

ウ　小式部内侍の和歌に病魔が感心したから。

問題の答え　①ア　②ウ

4 古文パターン別読解（3）

10 ものの見方が個性的

筆者がどのように物事を見ているかに注目して、内容を読み取ろう。

勉強した日　月　日

五月の山里散策 ①
「枕草子」より
五月ごろなどに山里に出かけるのは、とてもおもしろい。
草の葉も水もとても青く一面に見えているのに、表面は何事もない様子で、
草が生いしげっているところを、長々と縦に並んで行くと、
草の下には思いもよらないほどの水があり、
ばしゃん。
人などが歩くとしぶきがはね上がるのは、とてもおもしろい。

次のページで，この話を古文で読んでみよう。話の続きは60〜61ページで！

古文でかくにん①

五月の山里散策 ①

「枕草子(まくらのそうし)」より

①五月(ごろ)ばかりなどに山里にありく*(出かける(のは))、いとを(オ)かし(とてもおもしろい)。

草葉も水もいと青く見えわたりたるに(一面に見えているのに)、②上はつれなくて(表面は何事もない様子で)、草生(お)ひ(イ)しげりたるを、長々とただざまに(長々と縦(たて)に並んで)いけば、下はえならざり(思いもよらない)ける水の(ほどの)、深くはあらねど(ないが(あり))、人などの歩む(人などが歩くと)に、③走りあがりたる(はね上がるのは)、いとを(オ)かし。

*ありく…ここでは、牛車(ぎっしゃ)での散策のこと。

問題

★上の文章を読んで答えましょう。 ⬇答えは別冊17ページ

1 ①五月 の月の異名を、次から一つ選びましょう。

ア 卯月(うづき)
イ 皐月(さつき)
ウ 水無月(みなづき)

(　　)

2 ②上はつれなくて とありますが、どのような様子ですか。次から一つ選びましょう。

ア 下に水があるようには見えない様子。
イ 草がみずみずしくきれいな様子。
ウ 地面に大きな水たまりがある様子。

(　　)

3 ③走りあがりたる とありますが、主語に当たる言葉を古文中からぬき出しましょう。

(　　)

読み取りのポイント

1 月の異名

一月〜十二月には、特別な呼び方があります。→くわしくは61ページ「覚えタイ」

2 状況(じょうきょう)を読み取る

後の内容に注目します。

「上はつれなくて、草生ひしげりたるを」

↓何事もない様子で草が生いしげっている

「〜下はえならざりける水」

↓(「何事もない様子」だった草の)下には思いもよらないほどの水!

3 主語を読み取る

「何がどうした」のかに注目します。

水の、**深くはあらねど**、
人などの歩むに、**走りあがりたる**

(主語が同じ)
(このときに、こうなる)

古文でかくにん②

五月の山里散策 ②

（筆者は、山里を散策することについて語っている。）

左右にある垣（かき）にあるものの枝などの、車の屋形などにさし入るを、急ぎてとらへ（え）て折らむ（ん）とするほどに、ふと過ぎてはづ（ず）れたる［①］いとくちをしけれ（お）。よもぎの、車に押（お）しひしがれたりけるが、輪の回りたるに、近うちかかりたるも②をかし（お）。

何か／枝などが／牛車（ぎっしゃ）の人が乗る部分／入ってくるのを／つかんで／うちに／すっと通り過ぎてはずれてしまうのは／押しつぶされたのが／車輪／引っかかっているのも

「枕草子（まくらのそうし）」より

問題

⬇答えは別冊17ページ

★上の文章を読んで答えましょう。

1 はづれたる□いとくちをしけれ　は、係り結びになっています。□に当てはまる係りの助詞を次から一つ選びましょう。

ア　こそ
イ　や
ウ　なむ

（　　）

2 ①いとくちをしけれ　とありますが、どのような気持ちを表していますか。次から一つ選びましょう。

ア　枝が牛車に入ってきてうれしい気持ち。
イ　枝が牛車にひかれて悲しい気持ち。
ウ　枝が手に入らなくて残念な気持ち。

（　　）

3 ②をかし　とありますが、何についての感想ですか。次から一つ選びましょう。

ア　よもぎの草むらを通り過ぎること。
イ　木の枝が牛車に入ってくること。
ウ　よもぎが車輪について近くにくること。

（　　）

読み取りのポイント

1 係り結びに注意する

係りの助詞と結びの語の活用形、意味の対応を覚えましょう。

ぞ・なむ（強調）　→連体形
や・か（疑問・反語）　→連体形
こそ（強調）　→已然（いぜん）形

→「くちをしけれ」は形容詞「くちをし」の已然形！

2 状況（じょうきょう）を読み取る

前の部分に注目して、「いとくちをしけれ」と思った状況をとらえます。

・何かの枝が牛車に入ってきた
↓
・つかんで折ろうとした
↓
・通り過ぎてはずれてしまった

3 文章の流れを読み取る

筆者は、ひとつひとつの物事に対して感想を述べています。

・「左右に～」→「いとくちをしけれ」
・「よもぎの～」→「をかし」

まんがの□に入る言葉…残念

覚えタイ　月の異名

「何月」を表す特別な名前

月の異名は現代でも使われることがあります。覚えておくとよいでしょう。また、現代とは季節の感覚が異なります。

- 春
  - 一月：睦月（むつき）
  - 二月：如月（きさらぎ）
  - 三月：弥生（やよい）
- 夏
  - 四月：卯月（うづき）
  - 五月：皐月（さつき）
  - 六月：水無月（みなづき）
- 秋
  - 七月：文月（ふみづき（ふづき））
  - 八月：葉月（はづき）
  - 九月：長月（ながつき）
- 冬
  - 十月：神無月（かんなづき）
  - 十一月：霜月（しもつき）
  - 十二月：師走（しわす）

現代の暦（こよみ）とは一か月くらいずれがあるよ。

練習問題

1 次の文章を読んで、問題に答えましょう。

「枕草子(まくらのそうし)」より

↓答えは別冊18ページ

虫は、鈴虫(すずむし)＊。ひぐらし。てふ①。松虫。きりぎりす。はたおり。われから。ひをむし(オ)。蛍(ほたる)。

みのむし＊、いとあはれ(ワ)なり。鬼(おに)の生みたりければ、親に似て、これもおそろしき心あらむ(ン)とて、親のあやしき衣(きぬ)ひき着せて、「いま秋風吹(ふ)かむ(ン)をりぞ来む(オ)とする。待てよ」と言ひ(イ)おきて、逃(に)げていにけるも知らず、風の音を聞き知りて、八月②ばかりになれば、「ちちよ、ちちよ」とはかなげに鳴く。いみじう(ジュウ)あはれ(ワ)なり。

（いとあはれなり：しみじみとした趣(おもむき)がある／あやしき衣：粗末(そまつ)な着物を／ひき着せて：着せて／いま秋風吹かむをりぞ来むとする：すぐ、秋風が吹くようなときにむかえに来るつもりだ／逃げていにけるも：逃げていったのも／聞き知りて：聞いて理解して／八月ばかりになれば：八月ごろになると／はかなげに：心細そうに／いみじう：大変）

いろいろな虫について書いている。

「みのむしは」という主語が省略されている。

みのむしのこと。

なぜ「あはれ」なのかを読み取ろう。

＊鈴虫。～蛍。…それぞれ虫の名前。名前が現代と異なる虫もある。

＊みのむし…ミノガというガの幼虫。木の枝などで袋(ふくろ)を作り、そこで暮らす。

作品を知ろう

「枕草子」は、平安(へいあん)時代に清少納言(せいしょうなごん)という女性が書いた作品です。「○○といえば××」と連想したことや、自然や身の回りの物事についての考え、実際に経験した出来事などが書かれています。鎌倉(かまくら)時代に書かれた「方丈記(ほうじょうき)」「徒然草(つれづれぐさ)」と合わせて、「日本三大随筆(ずいひつ)」と呼ばれることもあります。

1 てふ① を現代仮名遣(かなづか)いに直し、すべて平仮名で書きましょう。（　　　）

2 八月② の月の異名を、次から一つ選びましょう。（　　）

ア 葉月(はづき)　イ 長月(ながつき)

ウ 神無月(かんなづき)　エ 霜月(しもつき)

3 筆者が「みのむし」を「あはれ」だと思うのはなぜですか。次から一つ選びましょう。（　　）

ア 鬼のようにおそろしい虫だから。

イ 親である鬼から逃げているから。

ウ 風のにおいで季節を理解するから。

エ 親のむかえをけなげに待ち続けているから。

ヒント：「鬼の生みたりければ」から、みのむしについて説明しているね。

2 次の文章を読んで、問題に答えましょう。（1の話の続きです。）

（筆者は、「みの虫」に続いて「ぬかづき虫」をしみじみと趣(おもむき)があるものとして挙げた。以下では、また別の虫について書いている。）

ここからは「はえ」についての話。

はへ(エ)こそにくき物のうちに入れつべく、①愛敬(あいぎやう)なきものはあれ。人々しう(シュウ)かたきなどにすべき物のおほ(オ)きさにはあらねど、秋などただよろづ(ズ)の物にゐ(イ)、顔などに濡(ぬ)れ足してゐ(イ)るなどよ。人の名につきたる、いとうとまし。

（いやな物のうちに当然入れてしまうべきで／(これほど)愛らしさのないものはない／一人前の相手としてかたきなどにするべき物の大きさではないけれど／あらゆるものにとまり／濡れた足／で／人の名前に(はえと)ついているのは、とてもいやだ）

ここからは「夏虫」についての話。

夏虫、いとをかし(オ)う(シュウ)②らうたげなり。火近う取り寄せて物語など見るに、草子の上などに飛びありく、いとをかし(オ)。

（とてもおもしろくかわいらしい様子だ／本／飛び回る）

ここからは「あり」についての話。

ありはいとにくけれど、かろびいみじう(ジュウ)て、水の上などをただ③歩みに歩みありくこそをかし(オ)けれ。

（とてもいやだけれど／身軽さはすばらしくて／ひたすらに歩き回っているのは）

1 ①愛敬 ②らうたげなり を現代仮名遣(づか)いに直し、すべて平仮名で書きましょう。

①（　　　　）　②（　　　　）

2 ③歩みに歩みありく の主語を古文中から二字でぬき出しましょう。

□□

ヒント　一度でてきた主語は、その後省略されることが多いよ。

3 本文の内容に合っているものを、次から一つ選びましょう。

ア　はえは本当に立派な虫なので、小さくても一人前の相手として認めるべきだ。

イ　夏虫はとてもかわいらしく、火の近くで見るといっそうおもしろい。

ウ　ありは、身軽さはないけれどとても趣深く、愛らしい虫だ。

エ　はえもありもいやな虫だが、ありにはおもしろいところもある。

（　　）

ヒント　それぞれの虫について筆者がどのように述べているか、正確にとらえよう。

11 生き方の知恵(ちえ)を語る

まんがでつかもう
形からでも ①
「徒然草(つれづれぐさ)」より
筆を手に取ると
物が書かれ、
サラサラ〜
楽器を
手に取ると
音をたてよう
と思う。
さかずきを
手に取ると
酒を飲もうと思い、
さいころを手に取ると
賭(か)け事を
しようと思う。
かりそめにも、
よくない遊びを
してはならない。
ちょっとでも
仏典の
一句を
見たら、
仏典
思いがけず急に、長年の
まちがいを改めることも
ある。
バッ
仏典
かりに今、この経文(きょうもん)を
開かなかったとしたら、
このまちがいを
知ることができただろうか。
カァカァ〜

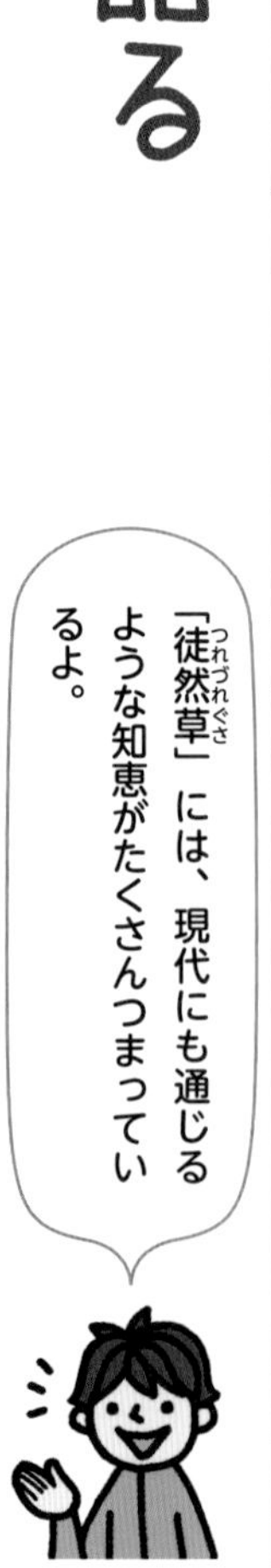
「徒然草(つれづれぐさ)」には、現代にも通じる
ような知恵がたくさんつまってい
るよ。

勉強した日　月　日

次のページで，この話を古文で読んでみよう。話の続きは66〜67ページで！

古文でかくにん①

形からでも ①

「徒然草（つれづれぐさ）」より

筆を執（と）れば物書かれ、楽器を取れば音（ね）をたてんと思ふ（う）。さかづき（ず）を取れば酒を思ひ（い）、さいを取れば攤打（だ）たんことを思ふ（う）。心は必ずことに触（ふ）れて来たる。①かりにも不善のたはぶれ（わ）をなすべからず。あからさまに聖教（しょうぎょう）の一句を見れば、②何となく前後の文（もん）も見ゆ。卒爾（そつじ）にして多年の非を改むることもあり。かりに今、この文をひろげざらましかば、③このことを知らんや。これ則（すなわ）ち触るる所の益（やく）なり。

（筆を執れば＝筆を手に取ると（自然と）物が書かれ／音をたてんと＝（自然と）音をたてよう／酒を思ひ＝酒を（飲もうと）／さい＝さいころ／攤打たんことを＝賭（か）け事をしようと／思ふ。心は必ずことに触れて来たる＝（何かしよう）という心は必ず物事に触れて起こる／かりにも不善のたはぶれ＝かりそめにもよくない遊び／なすべからず＝をしてはならない／あからさまに聖教＝ちょっとでも仏教の経典（きょうてん）／見れば＝見ると／文＝経文／卒爾にして多年の非を＝思いがけず急に長年のまちがいを／ひろげざらましかば＝開かなかったとしたら／知らんや＝知るだろうか／これ則ち触るる所の＝これがつまり（物に）触れると／益なり＝いうことの効果）

問題

⬇答えは別冊19ページ

★上の文章を読んで答えましょう。

1 ①かりにも不善のたはぶれをなすべからず　とありますが、なぜこのように言うのですか。次から一つ選びましょう。

ア　もっと善い行いをするべきだから。

イ　本格的にやりたくなってしまうから。

ウ　よくない遊びは許されないから。

（　　）

2 ②何となく前後の文も見ゆ　とはどういうことですか。次から一つ選びましょう。

ア　見るつもりがなくても、なにげなく前後の経文も見える。

イ　見ようと思っていたから、しっかり前後の経文を見た。

ウ　見たくなかったのに、なぜか前後の経文も見えてしまう。

（　　）

3 ③このこと　とありますが、何を指していますか。古文中から四字でぬき出しましょう。

□□□□

読み取りのポイント

1 筆者の主張をとらえる

文章の流れから、筆者の主張をとらえましょう。

・「筆を執れば → 物書かれ」

・「楽器を取れば → 音をたてんと思ふ」

というように、何かをしようという心は、何かしらの物事に触れることで起こると筆者は考えています。

2 状況（じょうきょう）をとらえる

文章の流れから、状況をとらえましょう。

・聖教の一句を見れば、（仏教の経典の一句を見るとき（いっしょ）に、）

← 何となく前後の文も見ゆ。

3 指示語が指す内容を読み取る

指示語が指す内容は、現代文と同じように、指示語よりも前の部分で出てきていることが多いです。

古文でかくにん②

形からでも ②

（筆者は物に触れることが行動を呼び起こすということについて書いている。）

「徒然草」より

＊心さらに起こらずとも、仏前にありて＊数珠を取り、経を取らば、①怠るうちにも、善業おのづから修せられ、散乱の心ながらも、縄床に座せば、②覚えずして＊禅定成るべし。事理もとより二つならず。＊外相もし背かざれば、＊内証必ず熟す。しひて不信を言ふべからず。仰ぎてこれを尊むべし。

- 心さらに起こらずとも＝少しも起こらなくても
- 数珠を取り＝数珠を手に取り
- 経＝経文
- 怠るうちにも＝いい加減にしていてもよい
- 善業おのづから修せられ＝行いが自然と修められ
- 散乱の心ながらも＝乱れた心のままでも
- 縄床に座せば＝座禅用のいすに座れば
- 成るべし＝なるだろう
- 事理＝現象と真理
- 外相もし背かざれば＝（仏教の教えに）背かなければ
- 熟す＝成熟する
- しひて不信を言ふべからず＝（形だけだからと）一概に不信心だと
- 仰ぎて＝敬って
- 尊むべし＝尊いものとし大事にするべきである

＊心＝ここでは信仰心のこと。＊数珠＝仏教で使う道具。
＊禅定＝静かな心で集中した状態。
＊外相＝外部に現れた姿。＊内証＝内心の悟り。

問題

⬇答えは別冊19ページ

★上の文章を読んで答えましょう。

1 ①怠るうちにも　とありますが、これと同じような意味で使われている言葉を古文中から八字でぬき出しましょう。

□□□□□□□□

2 ②覚えずして　とありますが、これはどういう意味ですか。次から一つ選びましょう。

ア　思いがけずに
イ　思ったとおりに
ウ　覚えていないのに

（　　）

3 筆者はこの話でどのようなことを言おうとしていますか。次から一つ選びましょう。

ア　気持ちのともなわない行動は無意味だ。
イ　仏教を心から信じることは大切である。
ウ　形から入っても身につくものはある。

（　　）

読み取りのポイント

1 文章の対応をとらえる

筆者は、「怠るうちにも」形だけでも修行していれば、よい行いが自然と修められると述べています。同様に、形だけでも修行をするとどうなるのかを述べている別の部分を探し、対応する言葉を見つけましょう。

2 古語の意味に注意する

古語には現代語と似た形でちがう意味の言葉があるので注意しましょう。「覚ゆ」は、ここでは「（自然にそう）思われる」という意味です。「ず」は否定の意味を表しています。

3 文章の流れを読み取る

筆者は、

「心さらに起こらずとも」
形だけでも仏教の修行ができていれば
↓
「善業おのづから修せられ」

などの例を挙げたうえで、「しひて不信を言ふべからず。仰ぎてこれを尊むべし。」と文章をまとめています。

よいしょと
思いがけず禅定の境地に入るだろう。

まんがの□に入る言葉…（例）大事

覚えタイ **徒然草の教え**

「生き方の知恵」を学ぼう

「徒然草」には、現代でも通用するような「生き方の知恵」がたくさん記されています。有名な章段の一つをあらすじで紹介します。

「高名の木登り」　第一〇九段

木登りの名人が人を木に登らせたとき、危険そうなところでは何も言わず、低いところまで降りてきてから気をつけるように声をかけた。理由を聞いてみると、「危険なところでは本人もこわがって気をつけているので、声はかけません。**失敗は、簡単なところで必ず起こるものです**」と答えた。

最後まで油断したらいけない！という知恵だね。

練習問題

1 次の文章を読んで、問題に答えましょう。

「徒然草（つれづれぐさ）」より

↓答えは別冊20ページ

世に語り伝ふること（ウ）、まことはあいなきにや、多くはみなそらごとなり。あるにも過ぎて人は物を言ひなすに（イ）、まして、年月（としつき）過ぎ、境も隔（へだ）たりぬれば、言ひたきままに（イ）語りなして、筆にも書きとどめぬれば、やがてまた①定まりぬ。道々の物の上手（じゃうず）の②いみじきことなど、かたくななる人の、その道知らぬは、そぞろに神のごとくに言へど（エ）も、道知れる人はさらに信もおこさず。③音に聞くと見るときとは、何ごともかはる（ア）ものなり。

（注）
世に語り伝ふること：世の中で語り伝えていることは
まこと：真実
あいなきにや：つまらないのだろうか
そらごと：うそ
あるにも過ぎて人は物を言ひなすに：（事実として）ある以上に人は物事を（強調して）言ううえに
境も隔たりぬれば：場所も遠く隔たってしまうと
言ひたきままに：言いたいように
語りなして：語り聞かせて
筆にも書きとどめぬれば：文字にも書きとめてしまうと
やがてまた：すぐにそのまま
道々の物の上手：それぞれの専門の道の達人
かたくななる人：教養がない人
その道知らぬは：その道をわかっていない人
そぞろに神のごとくに言へども：やたらに神のように言うけれども
道知れる人はさらに信もおこさず：その道をわかっている人は少しも信じる気も起こさない
何ごとも：何ごとも
かはるものなり：ちがうものである

主語を示す「が」が省略されている。

「人」が省略されている。

登場人物を確認！

- 「道々の物の上手」…それぞれの専門の道の達人。
- 「かたくななる人」…「道々の物の上手」をほめたてる人。
- 「道知れる人」…「道々の物の上手」を信じない人。

1 ①定まりぬ　とありますが、何がどうなるということですか。次から一つ選びましょう。

ア　うその話が定説になってしまうということ。
イ　筆で書いた文字が消せなくなるということ。
ウ　自分が遠い場所に移住するということ。
エ　うそをつくのがくせになるということ。

（　　）

2 ②いみじきこと　とありますが、ここではどういう意味ですか。次から一つ選びましょう。

ア　とても悲しいこと。　イ　とてもうれしいこと。
ウ　おそろしいこと。　エ　すばらしいこと。

（　　）

「いみじ」は「はなはだしい」という意味。よいことか悪いことかは文脈から判断しよう。

3 ③音に聞くと見るとき　とありますが、どういう意味ですか。次から一つ選びましょう。

ア　うその話を聞くのとうその話をするとき。
イ　遠くの音を聞くのと近くのものを見るとき。
ウ　うわさに聞くのと実際に見るとき。
エ　音楽を聞くのと絵画を見るとき。

（　　）

❷ 次の文章を読んで、問題に答えましょう。（❶の話の続きです。）

かつあらはるるをも顧(かへり)みず、口にまかせて言ひ散らすは、やがて浮(う)きたることと聞こゆ①。また、我もまことしからずは思ひながら、人の言ひしままに、鼻のほどおごめきて言ふは、その人のそらごとにはあらず。げにげにしく、ところどころうちおぼめき、よく知らぬよしして、さりながら、つまづまあはせて語るそらごとは、おそろしきことなり。我がため面目あるやうに言はれぬるそらごとは、人いたくあらがはず。みな人の興ずるそらごとは、ひとり、さもなかりしものをと言はん②も詮(せん)なくて、聞きゐたるほどに、証人にさへなされて、いとど定まりぬべし。

（注）
- かつあらはるるをも顧みず＝（話している）そばからばれてしまうのも気にせず
- やがて浮きたることと＝すぐに根拠(こんきょ)がないことだと
- まことしからずは＝自分でも事実らしくないとは
- 言ひしままに＝言ったとおりに
- 鼻のほどおごめきて＝鼻のあたりをひくひくさせて（得意げに）話す
- その人のそらごとにはあらず＝（作った）うそではない
- げにげにしく＝いかにも本当らしく
- うちおぼめき＝ぼかして
- よく知らぬよしして＝ふりをして
- さりながら＝それでありながら
- つまづまあはせて＝つじつまをあわせて
- 我がため面目あるやうに言はれぬる＝自分のために名誉(めいよ)になるように言われた
- 人いたくあらがはず＝人はあまり否定しない
- みな人の興ずる＝みんながおもしろがる
- 詮なくて＝言おうとしても仕方がないので
- 聞きゐたるほどに＝聞いているうちに
- いとど＝いっそう

- うそだとばれるということ。
- 「そらごと」が省略されている。
- うそをうそだと言わずに受けいれるということ。
- うその話を本当のことだと示す証人にされるということ。

---

1 聞こゆ① とありますが、ここではどういう意味ですか。次から一つ選びましょう。

ア 問われる　イ わかる
ウ 申し上げる　エ 差し上げる

（　　）

2 言はん② とありますが、何と言おうとするのですか。古文中からぬき出しましょう。

（　　　　）

ヒント 文脈をとらえよう。「と」が手がかりになるよ。

3 筆者の「うそ」についての考えとして当てはまらないものを、次から一つ選びましょう。

ア 世の中に語り伝えられていることにはうそが多い。
イ いかにも本当らしく語られるうそはおそろしい。
ウ 自分の名誉になるようなうそでも、人は否定する。
エ うその話を聞いているだけで証人にされてしまう。

（　　）

ヒント 文章全体から、筆者の「うそ」についての考えをとらえよう。

12 過去に学ぶ

古文の話から、どのようなことが学べるかな？　江戸時代の随筆を読んでみよう。

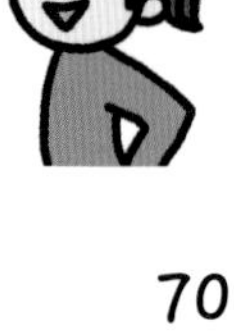

勉強した日　月　日

次のページで，この話を古文で読んでみよう。話の続きは72～73ページで！

古文でかくにん①

用心する男 ①

「花月草紙(かげつそうし)」より

いづ(ズ)かたに火ありと聞きても、ありあふ(オウ)調度なんど、縄に結ひ(イ)つけて井のうちへ入れつ。水に入れがたきものは、袋(ふくろ)やう(ヨウ)のものへうち入れて、かたはら(ワ)さらずおきぬ。「火のかく遠きをいかでさはし給ふ(たま(ウ))」と言へ(エ)ば、「焼けゆかば遠きも近くなりぬべし」と言ふ(ウ)。「風よければ、こなたへはきたらじ」と言へ(エ)ば、「風かはり(ワ)なばさはあらじ」と言ふ(ウ)。人みな笑ひ(イ)ぬ。

（いづかたに火ありと聞きても…(ある男が)どこかで火事が起こっている／ありあふ…身の回りの／調度なんど…道具などを／井のうちへ入れつ…井戸の中に入れた／水に入れがたきものは…入れにくい／かたはらさらずおきぬ…そばにはなさず置いた／火のかく遠きをいかでさはし給ふ…火事はこんなに遠いのにどうしてそのようになさるのか／風よければ…風向きがよいので／こなたへはきたらじ…こちらへはこないだろう／風かはりなばさはあらじ…風向きが変わればそんなことはないだろう）

問題

➡答えは別冊21ページ
★上の文章を読んで答えましょう。

1 ①井のうちへ入れつ　とありますが、なぜ井戸の中に入れたと考えられますか。次から一つ選びましょう。

ア　道具を全部こわすため。
イ　道具が焼けないようにするため。
ウ　道具を独りじめするため。

（　　）

2 ②遠きも近くなりぬべし　とありますが、何が近くなるのですか。古文中から一字でぬき出しましょう。

□

3 ③人みな笑ひぬ　とありますが、なぜ笑ったのですか。次から一つ選びましょう。

ア　男が用心しすぎだと思ったから。
イ　男よりも用心しようと思ったから。
ウ　男の用心深さに感動したから。

（　　）

読み取りのポイント

1 状況(じょうきょう)をとらえる
どのような状況で男が行動しているのかに注目しましょう。
↓「いづかたに火あり」と聞いて行動しているので……?

2 会話の流れを読み取る
人と男の会話に注目しましょう。
人「火のかく遠きをいかでさはし給ふ」
男「焼けゆかば遠きも近くなりぬべし」
「火」が省略されている！

3 文章の流れを読み取る
・どこかで火事が起こった。
・男は井戸の中に道具を入れるなど、用心している。
・人は、「火事はこちらへはこないだろう」などと言うが、男はそれでも用心を続ける。
↓「人みな笑ひぬ」

用心する男 ②

（遠くの火事にも用心していた男は、周りの人々に笑われていた。ある日、はるか遠くの火事が男たちの住むあたりまで広がった。人々はすべてを失い、困っていた。）

「花月草紙（かげつそうし）」より

かのをのこ、①したりがほにて、「かして（貸してあげましょう）まゐらせん」とて、かの縄（なは）を引きたぐれば（あの縄を引き寄せると）、はさみよ、くしよなどいふもの（はさみや くしなどといったものを）引きあげつ。また袋（ふくろ）のうちより、うつはものなど出（い）だしつつ（食器などを出しながら）、「つねづね人にわらはれずば（ふだんから人に笑われなければ）、いかでかかるときほまれしつべき（どうしてこのようなときに名誉（めいよ）に思えるだろう）」と②言ひしを、「げにも（その通りだ）」と言ひし人ありしとぞ。

問題

↓答えは別冊21ページ

★上の文章を読んで答えましょう。

1 ①したりがほ とありますが、どのような顔ですか。次から一つ選びましょう。

ア 悲しげな顔
イ さびしげな顔
ウ 得意げな顔

（　　）

2 ②言ひし とありますが、主語にあたる言葉を、古文中から五字でぬき出しましょう。

3 この話から学べる内容を表したことわざを、次から一つ選びましょう。

ア 備えあれば憂（うれ）いなし
イ 急がば回れ
ウ 火中のくりを拾う

（　　）

読み取りのポイント

1 登場人物の心情をとらえる

笑われていた男が、困っている人に道具を貸してあげようとしている、という状況（じょうきょう）から考えます。

2 主語をとらえる

古文では、主語が省略されることがよくあります。

「かの縄を**引きたぐれば**、はさみよ、くしよなどいふもの**引きあげつ**。また袋のうちより、うつはものなど**出だしつつ**、『つねづね人にわらはれずば、いかでかかるときほまれしつべき』と**言ひし**を」

↓主語はすべて同じ！

3 文章の流れを読み取る

・遠くの火事にも用心する男を人々は笑っていた。
・ある日火事で一帯が焼け、人々は困ってしまった。
・困っている人々に、男は道具を貸すことができた。

↓男の用心深さが役に立った！

用心する男 ②
「花月草紙」より
ある日、はるか遠くの火事が風で男たちの住むあたりまで広がった。
火事だ〜っ!
うわ〜っ
人々はすべてを失い、困っていた。
ごはんを食べようにも食器がない。
トホホホ
貸してあげましょう。
言葉をうめてみよう!
□な顔
答えはまんがの最後にあります。
男は井戸から縄を引きあげ、
袋から食器を取り出した。
ササササ
ふだんから人に笑われなければ、どうしてこのようなときに名誉に思えるだろう。
ありがたや〜
なるほど、その通りだ。

まんがの□に入る言葉…(例)得意(げ)

覚えタイ 作品の種類

随筆作品を知ろう

62ページで、「日本三大随筆」(清少納言の「枕草子」、鴨長明の「方丈記」、兼好法師の「徒然草」)を紹介しましたが、このほかにも随筆に分類される作品はたくさんあります。特に、学問が盛んになった江戸時代には、松平定信の「花月草紙」、大田南畝の「仮名世説」、本居宣長の「玉勝間」など、多くの随筆が生まれました。随筆には、筆者の体験や考え、見聞きした出来事などが書かれています。

今回の話は筆者の体験ではなく、見聞きした出来事だね。

練習問題

1 次の文章を読んで、問題に答えましょう。

「仮名世説(かなせせつ)」より

➡答えは別冊22ページ

*仁斎(じんさい)先生存在のとき、*大高清助(おほだかせいすけ)といふ人、『*適従録(てきじゅうろく)』を著(あらわ)して大いに先生を誹議(ひき)す。*門人①かの書を持ちきたりて示し、かつこれが*弁駁(べんばく)を作らんことを勧(すす)む。先生微笑(びしょう)してことばなし。②かの門人怒(いか)りつぶやきて言ふ、もし先生弁ぜずんば我③その任にあたらんと。

（生きていたとき／批判した／その書物を持ってきて(先生に)見せ／すぐにこれへの反論をすることを勧めた／反論しないならば私がそのつとめにあたりましょう）

仁斎先生のこと。

主語を示す助詞が省略されている。

＊仁斎先生＝伊藤(いとう)仁斎のこと。江戸時代の学者。
＊大高清助＝大高坂芝山(おおだかさしざん)のこと。江戸時代の学者。
＊適従録＝大高清助が書いた書物の名前。
＊門人＝弟子(でし)。ここでは、仁斎先生の弟子のこと。
＊弁駁＝反論。抗議(こうぎ)。

登場人物を確認！

- 「仁斎先生」…伊藤仁斎。江戸時代の学者。
- 「大高清助」…『適従録』で「仁斎先生」を批判した学者。
- 「門人」…「仁斎先生」の弟子。『適従録』に反論したい。

1 ①かの書　とは何のことですか。古文中から三字でぬき出しましょう。

□□□

2 ②かの門人　は先生に何と言いましたか。古文中からぬき出しましょう。

（　　　　）

ヒント：発言の内容をとらえるときは、「いはく」や「言ふ」、「…と」などが目印になるよ。

3 ③その任　とはどのようなことですか。次から一つ選びましょう。

ア　仁斎先生に反論すること。
イ　大高清助に反論すること。
ウ　大高清助の弟子になること。

（　　）

ヒント：指示語が指す内容は、指示語より前にあることが多いよ。

❷ 次の文章を読んで、問題に答えましょう。（❶の話の続きです。）

主語を示す助詞が省略されている。

先生の考えが述べられている。

この話を聞いた人がどう思ったのかが書かれている。

先生しづ(ズ)かに言ひ(イ)ていはく(ワ)、「①彼(かれ)＊是(ぜ)ならば②我＊非を改めて彼が是にしたがふ(ウ)べし。もし我是に彼非ならば我(わ)が是は即(そく)天下の公共なり。③もとより弁をまたず。久しう(シュウ)して彼もまたみづ(ズ)からその非をしらん。④なんぢ(ジ)ただみづ(ズ)からおさめよ。他をかへ(エ)りみることなかれ」とぞ。先生の＊度量、おほむ(オ)ねこのたぐひ(イ)なりと、ある人語りき。

（彼(の考え)が／私(の考え)が／彼の　従おう／すぐに世の中に知れわたる／長い時間がたって／知るだろう／あなたはただ自分自身で(学問を)身につけなさい／他人を気にしてはいけない／だいたいこのような感じであると）

＊是＝正しいこと。
＊非＝まちがっていること。
＊度量＝寛大(かんだい)な心。

1 ——①②④はそれぞれだれのことですか。正しい組み合わせを次から一つ選びましょう。

ア ①仁斎(じんさい)先生　②大高清助(おおだかせいすけ)　④門人
イ ①門人　②仁斎先生　④仁斎先生
ウ ①大高清助　②仁斎先生　④門人

（　　）

2 ③もとより弁をまたず　とありますが、どういうことですか。□に当てはまる言葉を書きましょう。

正しい考えはすぐに世の中に知れ渡るので、もとから［　　］する必要はないということ。

ヒント　ここでの「弁」はどういう意味かな？

3 古文から読み取れる先生の人物像として当てはまるものを、次から一つ選びましょう。

ア 他者からの助言を熱心に聞き、それを素直に受け入れて行動する人物。
イ 自分の主張が認められないと怒(いか)りをあらわにし、だれに対しても反発する人物。
ウ 自分の意見が他者に受け入れられるかよりも、学問的な正しさを重視する人物。

（　　）

ヒント　先生は門人の言ったことに対して、どのように返したかな？

13 歌にこめられた思い

古文には和歌がよく登場するよ。どのような気持ちがこめられているのか、読み取ろう。

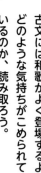

勉強した日　月　日

まんがでつかもう

筒井筒①「伊勢物語」より
幼なじみの男女がいた。
互いに結婚したいと思っていた。
昔井筒＊と比べて遊んでいた私の背丈も、井筒をこえてしまったようだなあ
あなたに会わないでいるうちに
あなたと長さを比べ合っていた振り分け髪も肩をすぎるくらいに長くなった
あなたでなくて、だれのためにこの髪をあげましょうか
などと和歌の贈答を続け、
とうとう願ったとおりに二人は結婚した。

＊井筒…井戸の周りを囲む筒状の囲い。

次のページで，この話を古文で読んでみよう。話の続きは78〜79ページで！

古文でかくにん①

筒井筒（つついづつ） ①

「伊勢物語（いせものがたり）」より

（幼なじみの男女が、互（たが）いに結婚（けっこん）したいと思っていた。）

さて、このとなりの男のもとよりかくなむ（ン）、
（このように（和歌を詠（よ）んできた））

Ａ 筒井つの井筒にかけしまろがたけ
（昔井筒と比べて遊んでいた私の背丈（せたけ）も）

すぎにけらしな＊妹（いも）見ざるまに
（井筒をこえてしまったようだなあ。あなたに会わないでいるうちに（＝今は大人としてあなたに会いたい））

女、返し、

Ｂ くらべこし＊振（ふ）り分（わ）け髪（がみ）も肩（かた）すぎぬ
（あなたと長さを比べ合っていた振り分け髪も肩をすぎるくらいに長くなった）

君ならずしてたれか＊あぐべき
（あなたでなくてだれのためにこの髪をあげましょうか）

などいひ（イ）ひ（イ）て、つひ（イ）に本意（ほい）のごとくあひ（イ）
（とうとう願ったとおりに二人は）

にけり。
（結婚した）

＊妹＝ここでは、女性のことを親しんで呼ぶ言葉。
＊振り分け髪＝この時代の子どもの髪型。
＊あぐ＝髪をあげる（＝結いあげる）のは、成人する（＝結婚できるようになる）ことを表す。

問題

➡答えは別冊23ページ

★上の文章を読んで答えましょう。

1 ＡとＢの和歌はそれぞれ何句切れですか。漢数字で答えましょう。

Ａの和歌＝（　　）句切れ
Ｂの和歌＝（　　）句切れ

2 Ａの和歌に使われている表現技法を、次から一つ選びましょう。

ア 倒置法（とうちほう）　イ 擬人法（ぎじんほう）
ウ 体言止め
（　　）

3 ＡとＢの和歌の内容として当てはまらないものを、次から一つ選びましょう。

ア Ａの和歌で男は女への思いを伝え、Ｂの和歌で女はそれを受け入れている。
イ どちらの和歌も、幼かったころの自分と今の自分とを比べている。
ウ どちらの和歌も、今より昔のほうが楽しかったという気持ちを詠んでいる。
（　　）

読み取りのポイント

1 和歌の句切れをとらえる

句切れ＝意味や調子の切れ目のこと。

五・七・五・七・七の五句にわけて、意味が切れるところを探しましょう。

↓P10入門編もチェック！

2 表現技法をとらえる

Ａの和歌では、〝あなたに会わないでいるうちに、私の背丈は大きくなった〟ということを詠んでいます。

筒井つの井筒にかけしまろがたけ
すぎにけらしな妹見ざるまに
順番が逆！

3 和歌の内容をとらえる

Ａ＝・背丈が伸びて大人になった。
↓幼かったころの自分と今の自分とを比べている。
・大人としてあなたに会いたい。
↓女に思いを伝えている。

Ｂ＝・振り分け髪が肩より伸びた。
↓幼かったころの自分と今の自分とを比べている。
・あなたのために、髪をあげよう。
↓男の思いを受け入れている。

古文でかくにん②

筒井筒 ②

「伊勢物語」より

（結婚から数年後、女の親が亡くなり貧しくなると、男はほかに妻をもうけた。女が気にしていない様子なのを見て女の浮気を疑った男は、新しい妻のもとへ行くふりをして植えこみにかくれて、女の様子をうかがった。）

この女、いとよう化粧じて、うちながめて、
（とても念入りに化粧をして　物思いにふけって）

風吹けば沖つしら浪たつ①山
（風が吹くと沖の白波がたつ、（その「たつ」の名をもつものさびしい）龍田山を）

夜半②にや君がひとりこゆらむ
（夜中にあなたはひとりでこえているのでしょう）

と詠みけるを聞きて、かぎりなくかなし③と

思ひて、河内へも行かずなりにけり。
（河内（の国にいる新しい妻のところ）へも行かなくなってしまった）

問題

↓答えは別冊23ページ

★上の文章を読んで答えましょう。

1 ①たつ には、「（波が）たつ」と「龍田山」の二つの意味があります。このような技法を何というか、次から一つ選びましょう。（　）

ア　枕詞　　イ　序詞

ウ　掛詞

2 ②夜半 を現代仮名遣いに直し、すべて平仮名で書きましょう。（　）

3 ③かなし とは、ここではどのような意味ですか。次から一つ選びましょう。（　）

ア　悲しい

イ　いとおしい

ウ　痛ましい

読み取りのポイント

1　和歌の表現技法をおさえる

和歌の主な表現技法を覚えましょう。

・**枕詞**＝特定の語の前に置かれ、調子を整える言葉。多くは五音。

例 ひさかたの→空、光など。

・**序詞**＝ある語を導くために、前に置く言葉。長さに決まりはない。

・**掛詞**＝一つの語に、複数の同じ音の語の意味を重ねる表現。

例 まつ→「待つ」と「松」など。

2　仮名遣いに注意する

基本的に語頭・助詞以外の「はひふへほ」は、「わいうえお」に直します。

3　古語の意味をつかむ

古語には現代語と似た形でちがう意味の言葉があるので注意しましょう。

例 かなし＝かわいい
　　痛ましい、残念だ

複数の意味をもつこともあるので、文脈で判断する必要がある！

ここでは、女が男を心配する歌を詠み、それを男が聞いたので……？

まんがでつかもう

まんがの□に入る言葉…(例)いとおしい

覚えタイ　モテる条件

和歌と恋愛・結婚

平安時代の貴族の恋愛・結婚は、以下のような流れが一般的でした。

①男性は女性のうわさ話を聞く。

②男性は和歌を書いた手紙(文)を送り、女性に思いを伝える。

③女性は手紙を読み、いいなと思ったら返事をする。

④手紙のやり取りを続け、男性が女性の家に来る。

⑤三日連続で男性が家に来たら、結婚成立。

※一夫多妻制なので、男性には複数人の妻がいた。

文で恋が始まるから、和歌や字が上手＝モテる！人に代筆をたのむこともあったよ。

練習問題

1 次の文章を読んで、問題に答えましょう。　「土佐日記」より

↓答えは別冊24ページ

曇れる雲なくなりて、暁月夜いともおもしろければ、船を出だしてこぎゆく。この間に、雲の上も海の底も、①同じごとくになむありける。むべも、昔の男は、「棹は穿つ波の上の月を、船は圧ふ海のうちの天を」とはいひけむ。聞きざれに聞けるなり。また、ある人の詠める歌、

②水底の月の上よりこぐ船の
さをにさはるはかつらなるらし*

これを聞きて、ある人の詠める、

影見れば波の底なる③ひさかたの
空こぎ渡るわれぞわびしき

（暁月夜いともおもしろければ：夜明けの空に残った月が本当に趣深いので）

（同じごとくになむありける：同じように月があった）

（むべも：なるほど）

（棹は：さおは）

（穿つ波の上の月を、船は圧ふ海のうちの天を：波の上に映る月をつきさし（て水をかき）船は海に映る空をおさえつけ（て通）る）

（聞きざれに聞けるなり：いい加減に聞いたのだ）

（月の上より：上を）

（さをにさはるはかつらなるらし：さおにさわるのはかつらなのだろう）

（影見れば波の底なるひさかたの空こぎ渡るわれぞわびしき：水に映る月の光を見ると波の底にも空があり、その空をこいで渡る私はちっぽけで物悲しいものだ）


状況を説明した一文。

中国の詩（漢詩）。

女（＝ふつう、漢詩にはくわしくない）のふりをして書いているので、あくまでも聞いた話だと言っている。

一つ目の和歌。

「歌」が省略されている。

二つ目の和歌。

＊かつら＝ここでは、中国の伝説で月の世界にあるという想像上の樹木。

作品を知ろう

「土佐日記」は、平安時代に紀貫之という男性が、女性のふりをして書いた作品です。土佐（現在の高知県）での仕事を終えて都に帰るまでの五十五日間の道のりが、仮名文で書かれています。和歌が多いのも特徴の一つです。

1 ①同じごとくになむありける から、係りの助詞をぬき出しましょう。（　　）

2 ②水底の月 とありますが、どのような様子を表していますか。次から一つ選びましょう。（　　）

ア 海に月の光が映っている様子。
イ 海の底の貝が月に見える様子。
ウ かつらの木が月に生えている様子。
エ 船の上から月がよく見える様子。

ヒント：月がきれいに見える明け方に、船で海へ出たんだね。

3 ③ひさかたの のように、特定の語の前に置いて調子を整える言葉を何と言いますか。次から一つ選びましょう。（　　）

ア 掛詞　イ 枕詞
ウ 序詞　エ 縁語

ヒント：ほかに、「あしひきの」「しろたへの」などがあるよ。

練習問題

2 次の文章を読んで、問題に答えましょう。 「古今著聞集」より

↓答えは別冊24ページ

和泉式部、保昌が妻にて丹後に下りけるほどに、京に
（藤原保昌の妻として丹後の国へ行っていたころに）

*歌合は(ワ)せありけるに、小式部の内侍、歌詠みにとられて
（歌合わせの和歌の詠み手に）

詠みけるを、定頼の中納言、①たは(ワ)ぶれに小式部の内侍に、
（選ばれて(和歌を)詠んだ(ことがあった)が、ふざけて）

「丹後へ遣は(ワ)しける人は、参りにたるや」と言ひ(イ)入れて
（(和泉式部のいる)丹後の国へ (助けを求めに)行かせた人は　(もう)帰ってきましたか）

局の前を通られけるを、小式部の内侍、御簾よりなかば
（(小式部の内侍がいる)部屋　半分だけ）

いでて、直衣の袖をひかへ(エ)て、
（体を出して　(定頼の着ている)服の袖をつかんで）

②大江山いくのの道の遠ければ　まだふみもみず*天の橋立
（大江山、生野(と丹後の国)へ行く道のりは遠いので、私はまだ天の橋立を踏んだことはないし、母からの文なども見ていない）

と詠みかけけり。思は(ワ)ずにあさましくて、「こはいかに」
（(定頼は)思いがけずにおどろくばかりでこれはどうした）

とばかり言ひ(イ)て、返しにも及ばず、袖をひきはなちて③逃
（ことかと　返歌も(詠むことが)できず　袖を引きはずしてお逃げに）

げられにけり。
（なった）

*歌合はせ＝二組に分かれて和歌を詠み、優劣を競う遊び。
*天の橋立＝丹後の国(今の京都府北部)にある名所。

「和歌の名人である母親に助けを求めたのだろう」と小式部の内侍をからかっている。

小式部の内侍は、自分の力で見事な和歌を詠んだ。

和歌を聞いた定頼の中納言の反応。

登場人物を確認！

- 「和泉式部」…「小式部の内侍」の母親で、和歌の名人。
- 「保昌」…藤原保昌。「和泉式部」の夫。
- 「小式部の内侍」…歌合わせで和歌を詠むことになった人。
- 「定頼の中納言」…「小式部の内侍」に話しかけた人。

1 ①たはぶれに を現代仮名遣いに直し、すべて平仮名で書きましょう。

（　　　　）

2 ②の和歌では、「いくの」に「行く」と「生野(地名)」、「ふみ」に「踏み」と「文」という意味がそれぞれあります。このような技法を何というか、次から一つ選びましょう。

ア 序詞　イ 掛詞　ウ 縁語　（　　）

3 ③逃げられにけり とありますが、なぜこのような行動をとったのですか。次から一つ選びましょう。

ア 小式部の内侍よりも和泉式部のほうが和歌が上手なので、会いたくなかったから。

イ 小式部の内侍が目の前で予想外に見事な和歌を詠んでみせたことにおどろいたから。

ウ 和泉式部からの返事が間に合わず、小式部の内侍に返歌をおくれなかったから。

（　　）

定頼の中納言は、小式部の内侍が自分では和歌が上手に詠めないだろうとからかったんだ。

勉強した日　　月　　日

得点　　/100点

答えは別冊25ページ

◆次の文章を読んで、問題に答えましょう。

（里に帰り身を隠(かく)している筆者（清少納言(せいしょうなごん)）の居場所を人に聞かれた元夫・則光(のりみつ)は、海藻(かいそう)を食べることで答えずにごまかした。それを聞いた筆者は、今後も自分の居場所を言わないよう念おしした。それから数日後の夜中、則光から手紙が届いた。）

みな寝(ね)たるに、灯(ひ)取り寄せて見れば、明日*御読経(みどきゃう)の*結願(けちぐわん)にて、*宰相(さいしやう)の中将、*御物忌(おんものいみ)にこもりたまへ(エ)り。「*いもうとのあり所申せ、いもうとのあり所申せ」と責めらるるに、ずちなし。さらに①え隠し申すまじ。さなむ(ン)とや聞かせたてまつるべき。いかに。仰(おほ)せにしたがはむ(ワ)(ン)と言ひ(イ)たる。返り事は書かで、②*布(め)を一寸ばかり紙に包みてやりつ。

さて、後(のち)来て、「一夜は責めたてられて、③すずろなる所々になむ率(ゐ)(ン)てありきたてま

（注）
- 灯取り寄せて見れば……明かりを近くに寄せて（手紙を）見ると
- 御物忌にこもりたまへり……宮中にこもりなさる
- あり所……居
- あり所申せ……場所を言え
- 責めらるるに、ずちなし……責められるのでどうしようもない
- さらにえ隠し申すまじ……もはやお隠し申し上げられないだろう
- さなむとや聞かせたてまつるべき……こうこうですとお聞かせするべきでしょうか
- いかに……どうだろう
- 返り事は書かで……返事は書かないで
- やりつ……送った
- 後来て……（則光が）来て
- すずろなる所々になむ率てありきたてま……やたらとあちこちにお連れして歩き回った

海藻

1 則光から送られてきた手紙は「明日御読経の」からどこまでですか。古文中から最後の五字をぬき出しなさい。（15点）

□□□□□

2 ①え隠し申すまじ　とありますが、何を隠すことができないのですか。古文中から八字でぬき出しなさい。（15点）

□□□□□□□□

3 ②布を一寸ばかり紙に包みてやりつ　とありますが、筆者はこうすることで則光にどのようなことを伝えたかったのか書きなさい。（20点）

（　　　　　　　　　　）

4 ③すずろなる所々になむ率てありきたてまつりし　から、係りの助詞をぬき出しなさい。（15点）

（　　　　　　　　　　）

つりし。まめやかにさいなむに、いとからし。さて、などともかくも御返りはなくて、すずろなる布の端をば包みて給へりしぞ。④あやしの包み物や。人のもとにさる物包みておくるやうやはある。取りたがへたる」とて言ふ。いささか心も得ざりけるとみるがにくければ、物も言はで、硯にある紙の端に、

⑤かづきするあまのすみかをそことだに
ゆめ言ふなとやめをくはせけむ

とて書きて差し出でたれば、「歌詠ませたまへるか。さらに見はべらじ」とて、あふぎ返して逃げていぬ。〈「枕草子」による〉

（細かく責めるので／本当につらい／どうして／あんなふうに／つまらない海藻の端を／不思議な包み物だ／人のところにそのような物を包んで送ることがある／だろうか（いや、ないだろう）／不快なので／物も言わずに／水中にもぐる漁師のように身を隠している私の居場所をどこそこ（底）とさえ／絶対に言うなと、海藻を食べてだまっていてと目くばせしたのでしょう／和歌をお詠みになったのか／絶対に／拝見しません／（扇で）あおいで（紙をこちらに）返して逃げていった）

*御読経＝仏教の経文を読む会を丁寧に言った言葉。
*結願＝ここでは、御読経の最終日のこと。
*宰相の中将＝藤原斉信のこと。天皇の側近。
*御物忌＝ここでは、御読経の結願に向けて宮中にこもること。
*いもうと＝筆者を指す。筆者と則光は離婚してからも仲が良く、兄妹のようだった。
*布＝海藻類全般を指す言葉。 *硯＝硯箱のこと。筆記に必要な道具一式を収納する。
*あま＝海にもぐって貝などをとる漁師のこと。ここでは筆者をあまにたとえている。

5 ④あやしの包み物や。とありますが、ここからわかる則光の様子を、次から一つ選びなさい。（20点）

ア 則光が筆者の意図を理解していない様子。
イ 則光が海藻をおいしく食べたという様子。
ウ 則光が海藻以外の食べ物を欲しがっている様子。
エ 則光が筆者の思った通りに行動した様子。

（　　）

6 ――⑤の和歌では、「そこ」に「そこ」と「底」、「めをくはせ」に「布を食はせ」と「目をくはせ」（目くばせ）という意味がそれぞれあります。このような技法を何というか、漢字で答えなさい。（15点）

（　　）

プラスワン 和歌が詠まれる場面を知ろう！

相手に気持ちを伝えるとき、きれいな風景に出会ったときなど、和歌は様々な場面で詠まれます。中には、即興で気のきいた内容を詠まなければならないような場面もあります。この話でも、筆者は和歌を即興で詠んでいます。和歌を詠みかけれたら和歌で返すべきなのですが、和歌が苦手だった則光は、見もしないで逃げたのです。

古典こぼれ話

ほかにもある　こんな話

過去に学ぶ

◆記憶について

物事をよく覚えていて忘れない者が、

「昔、どこかの山に登ったのだが、こんな峰に松が数本生えていて、そのなかに、こんなに枝が垂れているのに、ある一本だけは高くそびえ立っている。そのかたわらに大きなマキの木が横向きに生えていて、青いつる草がかかっている様子で……」などと話したので、

「とても細かく覚えていらっしゃるのですね。あなたの家の庭も、その山をまねしてつくられたのですか。松が生えているなかにマキの木が見えましたが、その姿はどのようでしたか」と聞いたところ……。

―「花月草紙」より

問題① 自分の家の庭のことを聞かれた「物事をよく覚えていて忘れない者」は、どんな反応をしたでしょう。次のア～ウから選びましょう。

ア　目の前にあるかのように、くわしく答えた。
イ　いつも見ているのに、忘れてしまっていた。
ウ　自分の家のことは答えたくないので、ごまかした。

（　　）

過去に学ぶ

◆秘蔵の皿

上野国（現在の群馬県）のさむらいの家に、秘蔵の皿が二十枚ありました。「この皿を割ったら、命はないものと思え」と代々言い伝えられていたのに、使用人の女が誤ってその皿のうちの一枚を割ってしまい、家中のみんなは「女が殺されてしまう」と悲しんでいました。すると使用人の男が「私の家に秘薬があって、割れた陶器をきれいに直せます。まずその皿を見せてください」と言いました。皿を見せたところ、男は皿をすべて割ってしまったのです。おどろく人々に向かって男は、「この皿は陶器なので、いつかは割れてしまう。二十枚あるということは、二十人の命にかかわることになるから、私一人の命をもってつぐないましょう。陶器を直せると言ったのは、こうするためのうそでした」と笑って言い、主人の帰りを待ちました。

―「閑田耕筆」より

問題② 男のしたことを聞いた主人はどうしたのでしょう。次のア～ウから選びましょう。

ア　男の勇気に感動し、男を推薦してさむらいにした。
イ　男の無謀さにあきれ、使用人の仕事をやめさせた。
ウ　男の行動に怒り、女もろとも殺してしまった。

（　　）

問題の答え　①ア　②ア

5 漢文入門編

今度、引っ越した友達が遊びに来てくれるんだって！
それはまさに「朋遠方より来たる有り」だね。
トモエンポウヨリ……？何それ？
この『論語』という中国の本にある言葉だよ。
えっ！ 中国語が読めるんだ！
ちがうよ
漢文を学べば、昔の中国語を日本の古文として読めるようになるんだよ。
じゃあ、ラーメンも日本の古文なんだね！
それは中国の料理なだけだよ……。

14 漢文のきまり

お役立ちミニブック14〜15ページ

訓読文で、漢字の右下に片仮名で書かれているのが送り仮名、左下に書かれているのが返り点だよ。

勉強した日　月　日

要点はここ

1 漢文とは

▼漢文とは、中国の昔の文体で書かれた文章です。

①白文(原文)……漢字のみで書かれたもとの文。

例 読書

②訓読文……訓点(返り点、送り仮名、句読点)をつけたもの。

例 読ムレ書ヲ。（送り仮名／返り点）

③書き下し文……漢字仮名交じりの文に直したもの。

例 書を読む。

▼訓読文は、次のようにして書き下し文に直します。

①返り点がついていない漢字は、上から順に読む。

②返り点がついている漢字は、返り点にしたがって読む順番を入れかえて読む。

③送り仮名・日本語の助詞、助動詞に当たる漢字は平仮名に直す。

例

訓読文　温レ故キヲ而知レ新シキヲ、可三以テ為二師ト一矣。

書き下し文　故きを温ねて新しきを知る、以って師と為るべし。

「而」や「矣」などは、通常読まない字(置き字)

2 返り点の読み方

▼返り点は、次のきまりにしたがって読みます。

①レ点……下の一字を先に読み、「レ」のついた字に返って読む。

例 帰ルレ国ニ。→国に帰る。

②一・二点……「一」のついた字までを先に読み、「二」のついた字に返って読む。

例 思フ二故郷ヲ一。→故郷を思ふ。

例題 次のような文を何とよびますか。次から一つ選びましょう。

・己ノ所レ不レ欲セ、勿レ施スコト二於人ニ一。

ア 白文　イ 訓読文　ウ 書き下し文　（　　）

練習問題

※次の漢文を読んで、問題に答えましょう。　「孟子（もうし）」より

↓答えは別冊26ページ

「塡然（てんぜん）として之（これ）に鼓（こ）し、兵刃既（へいじんすで）に接す。甲を棄（す）て兵を曳（ひ）きて走る。或（ある）いは百歩にして後止まり、或いは五十歩にして後止まる。①五十歩を以（も）つて百歩を笑はば、則（すなは）ち何如（いかん）」と。

「ドンドンと太鼓（たいこ）が鳴り、武器の刃（やいば）を交えて戦いました。よろいを捨て、武器を引きずり、逃（に）げる者がおりました。ある者は百歩逃げたあとで止まり、ある者は五十歩逃げたあとで止まりました。五十歩逃げた者が百歩逃げた者を（おくびょうだと）笑ったなら、どうでしょう」と。

曰（い）はく、「不可なり。[　　]。是（これ）も亦（ま）た走るなり」と。

（恵王（けいおう）が）言うには、「よくない。ただ百歩でなかっただけだ。その者もまた逃げたのだ」と。

A

「塡然トシテ鼓レシ之ニ、兵刃既ニ接ス。棄レテ甲ヲ曳レキテ兵ヲ而走ル。或イハ百歩ニシテ而後止マリ、或イハ五十歩ニシテ而後止マル。以五十歩笑百歩、則チ何如」ト。曰ハク、「不可ナリ。②直ダ不ル二百歩ナラ一耳ノミ。是モ亦タ走ル也」ト。

1 Aのような文を何とよびますか。次から一つ選びましょう。

ア 白文　イ 訓読文　ウ 書き下し文　（　　）

ヒント　Aは、漢字に訓点（返り点、送り仮名、句読点）がついているね。

2 ①五十歩を以つて百歩を笑はば　と読めるように、左の漢文に返り点と送りがなを付けましょう。

以 五 十 歩 笑 百 歩

ヒント　読む順番に気をつけよう。

3 [　　]に当てはまる　②直ダ不ル二百歩ナラ一耳ノミ　の書き下し文を書きましょう。

（　　　　　　　　）

ヒント　「不」「耳」は、日本語の助詞・助動詞に当たるので、書き下し文のときは平仮名で書くよ。

ポイント解説

2 それぞれの「歩」のあとに「以」、「笑」が来るようにしましょう。

3 「直」→「百」→「歩」→「不」→「耳」の順番で読みます。

例題の答え　イ

15 漢詩の種類と表現

お役立ちミニブック16ページ

話の構成や順序という意味の「起承転結」という言葉は、漢詩と深い関わりがあるんだ。

勉強した日　月　日

要点はここ

1 漢詩の種類

▼漢詩の主なものは次の四つです。

絶句＝四句（四行）でできた詩。

① 五言絶句…一句が五字で四句の詩。
② 七言絶句…一句が七字で四句の詩。

春暁　孟浩然

←四句（行）→

春眠不覚暁
処処聞啼鳥
夜来風雨声
花落知多少

↑一句が五字↓

春のねむりは心地よく夜明けに気づかない　（起句）歌い起こす
あちこちから鳥のさえずりが聞こえる　（承句）前を承ける
昨夜は風雨の音がしていた　（転句）場面が転換する
花はどれほど落ちてしまっただろう　（結句）まとめて結ぶ

絶句は、「起承転結」の構成でできているよ。

律詩＝八句（八行）でできた詩。

① 五言律詩…一句が五字で八句の詩。
② 七言律詩…一句が七字で八句の詩。

例題

(1) 「春暁」について、この漢詩の種類を、次から一つ選びましょう。

ア 五言絶句　イ 五言律詩　ウ 七言絶句　エ 七言律詩

（　　）

2 漢詩の表現技法

▼漢詩の表現技法には、次のようなものがあります。

① 押韻…句末の音のひびきをそろえること。
② 対句…組み立て・意味が対になる二つの句を並べること。

静夜思　李白

牀前看月光
疑是地上霜
挙頭望山月
低頭思故郷

寝床の前に月光を見る
地上の霜ではないかと疑う
頭を上げて山月をながめ
頭をたれて故郷を思う

対句

押韻「光（コウ）」・「霜（ソウ）」・「郷（ゴウ）」

例題

(2) 「春暁」の中で、押韻している字をすべてぬき出しましょう。

（　　）（　　）

(3) 「静夜思」の第三句と第四句のような、組み立てや意味が対になっている表現技法を何といいますか。次から一つ選びましょう。

ア 体言止め　イ 倒置　ウ 対句

（　　）

練習問題

次の漢詩を読んで、問題に答えましょう。

➡答えは別冊26ページ

黄鶴楼送孟浩然之広陵　李白

故人西辞黄鶴楼
煙花三月下揚州
孤帆遠影碧空尽
惟見長江天際流

黄鶴楼にて孟浩然の広陵に之くを送る

故人西のかた黄鶴楼を辞し
旧友は西にある(この)黄鶴楼に別れを告げ

煙花三月揚州に下る
花がすみの春三月、揚州へと下っていく

孤帆の遠影碧空に尽き
一そうの(船の)帆の遠い影は青空のかなたへ消え

惟だ見る長江の天際に流るるを
ただ長江が天の果てまで流れるのを見るばかり

1 この漢詩の種類を漢字四字で書きましょう。

ヒント 一句が七字で、四句の漢詩だね。

2 この漢詩の中で、押韻している字をすべてぬき出しましょう。（　　）

ヒント 音読みにして、「ウ」の音で終わっている漢字を選ぶよ。

3 この漢詩は、第何句と第何句が対句になっていますか。ただし、対句がない場合は「対句なし」と書きましょう。（　　）

ヒント 漢詩の中に、組み立てや意味が対になっている二つの句はあるかな。

ポイント解説

2 それぞれの句の最後の漢字を音読みすると、「ロウ」「シュウ」「ジン」「リュウ」と読みます。

3 対句は必ずあるものではないということを覚えておきましょう。

例題の答え　(1)ア　(2)暁・鳥・少〔順不同〕　(3)ウ

古典こぼれ話

いまに生きる古典

四字熟語のもとになった話

◆傍若無人（ぼうじゃくぶじん） ―「史記（しき）」より

荊軻（けいか）は、燕（えん）の都へ来てから、筑（ちく）という弦楽器（げんがっき）の名手である高漸離（こうぜんり）と仲良くなりました。荊軻は酒を飲むのを好み、毎日のように高漸離と燕の街で飲みました。うたげが盛り上がると、高漸離は筑をかなで、荊軻はそれに合わせて街の通りで歌い、共に楽しみました。やがて感極まってたがいに泣き出すのですが、その様子はまるで周りには人などいないかのようでした。

↓漢文だと…

傍（かたはラニ）若（ごとシ）二無キレ人者ノ一

（傍らに人無き者のごとし）

問題①

（　）内の書き下し文を参考にして、次の四字熟語に返り点と送り仮名（がな）を付けましょう。

① 以 心 伝 心 （心を以（も）って心を伝ふ）

② 朝 令 暮 改 （朝に令して暮（くれ）に改む）

問題①の答え ①以レ心ヲ伝レ心ヲ ②朝ニ令シテ暮ニ改ム

漢語に生きる漢文表現

◆「旅館」は和語？ 漢語？ 外来語？

日本語には、和語・漢語・外来語があります。なかでも、中国から日本に入ってきた言葉である漢語を意識すると、漢文が読み取りやすくなります。次の漢詩を見てみましょう。

除夜作ノ　高適（こうせき）

旅館寒灯（かん とうニ）独不レ眠（ねむラ）　旅館の寒灯に独り眠らず

客心何事（ゾ）転（うたタ）凄然（せい ぜんタル）　客心何事ぞ転た凄然たる

（現代語訳）

旅館の寒々とした灯（ともしび）の下で独り眠れぬ夜を過ごす

旅人の心にはどうしたことか、ますます寂（さび）しい気持ちが募（つの）る

□の「旅館」は漢語です。「旅館」を和語にすると「宿」、外来語にすると「ホテル」となります。

問題②

次の和語と外来語をヒントにして、当てはまる漢語をあとから選びましょう。

① （和語）やわらかい （外来語）ソフト （　　）

② （和語）暮らし （外来語）ライフ （　　）

③ （和語）きまり （外来語）ルール （　　）

ア 生活　イ 柔軟（じゅうなん）　ウ 規則

問題②の答え ①イ ②ア ③ウ

6 漢文パターン別読解

漢字って中国からきた文字だけど、中国からきた言葉には、どういうものがあるのかな?

「完璧」…欠点がないこと。

「完璧」という言葉は中国からきた言葉だよ。

「璧」はどういう意味なの?

そうなんだ!

「完璧」の「璧」というのは、「宝石」という意味だよ。

その「璧」を傷つけずに持って帰ってきたことから、「完璧」には「大事なものを取りもどす」という意味があるんだよ。

ぼくも「完璧」に家の手伝いをして、ゲームを取りもどすぞ!

取り上げられてたんだね……。

16 そして故事成語が生まれた

まんがでつかもう

逆鱗にふれる
「韓非子」より
竜はおとなしいときは飼いならして乗ることができる。
1
けれども、喉元の逆さになったうろこにふれると激しくおこりその人を殺してしまう。
2
君主にも「逆鱗」があるので気をつけよう。
3

「故事成語」は、中国の故事（言い伝え）をもとにしてできた言葉だよ。

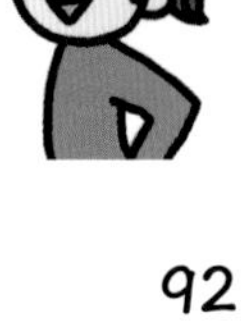

勉強した日　月　日

次のページで，この話を漢文で読んでみよう。

漢文でかくにん

逆鱗にふれる

「韓非子」より

夫の竜の虫たるや、柔なるときは狎れて騎るべきなり。然れども①其の喉下に逆鱗＊径尺なる有り。若し人之に嬰るる者有らば、則ち必ず人を殺さむ。人主亦逆鱗有り。②説者能く人主の逆鱗に嬰るること無くば、則ち幾からむ。

（あの／動物／おとなしい／飼いならし／できる／けれども／ふれる／君主／意見／意見を述べる者／（その意見の成就は）近いだろう）

夫竜之為レ虫也、柔可二狎而騎一也。然其喉下有二逆鱗径尺一。若人有二嬰レ之者一、則必殺レ人。人主亦有二逆鱗一。説者能無レ嬰二人主之逆鱗一、則幾矣。

＊逆鱗径尺…「逆鱗」は、逆さに生えたうろこ。「径尺」は、直径一尺（二二・五センチメートル）。

問題

★上の文章を読んで答えましょう。

⬇答えは別冊26ページ

1 ①其の とありますが、これは何を指していますか。漢文中から漢字一字でぬき出しましょう。

□

2 ②説者能く人主の逆鱗に嬰るること無くば と読めるように、左の漢文に返り点と送り仮名を付けましょう。

説 者 能 無 嬰 人 主 之 逆 鱗

3 故事成語の「逆鱗にふれる」とはどういう意味ですか。漢文の内容をふまえて、次から一つ選びましょう。

ア 動物の命を大事にする。
イ 懸命に考えて意見を述べる。
ウ 目上の人を激しく怒らせる。

（　　）

読み取りのポイント

1 指示語の内容をとらえる

「其の」は現代の日本語と同様に指示語なので、**その前の部分に注目しましょう。**

2 返り点の決まりをおさえる

返り点は、漢文を日本語の順に読み直すために付ける記号のことです。

○レ点…すぐ下の字から一字上の字に返って読む。

帰レ国

○一・二点…「一」までを先に読んでから「二」に返って読む。

思二故郷一

3 文章の内容を読み取る

「逆鱗」という語句に注目します。

・竜の「逆鱗」にふれると殺される。

←同様に

・君主にも「逆鱗」があり、それにふれなければ意見は成就する。

…いかりにふれることをさける。

蟷螂の斧
「淮南子」より
斉の荘公が猟に出かけたところ、一匹の虫がおり、足を挙げて今にも車輪をたたこうとする。

これは何という虫か。

これはいわゆるかまきりというものです。その虫は前に進むことは知っていますが、後ろに退くということを知りません。

自分の力量をかえりみないで敵を軽く見ているのです。

これが人であったならば必ず天下の武勇者となったに違いない。

荘公は、車を迂回させて、かまきりを避けた。


次のページで，この話を漢文で読んでみよう。

漢文でかくにん

蟷螂(とうろう)の斧(おの)

「淮南子(えなんじ)」より

＊斉(せい)の荘公(さうこう)出でて猟(れふ)す（猟に出かけた）。一虫有り、足を挙げて将(まさ)に其(そ)の輪を搏(う)たんとす（今にもその車輪をたたこうとする）。其の御(ぎよ)（御者(ぎょしゃ)）に問ひて曰(い)はく、「此(こ)れ何の虫ぞや」と。①対(こた)へて曰はく、「此れ所謂(いはゆる)蟷螂(たうらう)（かまきり）なる者なり。其の虫たるや、［　　］。力を量らずして敵を軽んず（(自分の)力量をかえりみないで）」と。荘公曰はく、「此れ人たらば必ず天下の勇武（武勇者）たらん」と。車を廻(めぐ)らして（迂回(うかい)させて）之を避(さ)く。

斉荘公出レ猟。有二一虫一、挙レ足将レ搏二其輪一。問二其御一曰、「此何虫也」。対曰、「此所謂蟷螂者也。其為レ虫也、②知レ進而不レ知レ却。不レ量レ力而軽レ敵」。荘公曰、「此為レ人而必為二天下勇武一矣」。廻レ車而避レ之。

＊斉の荘公…春秋時代の大国「斉」の君主。

問題

↓答えは別冊27ページ

★上の文章を読んで答えましょう。

1 ①対へて曰はく とありますが、これはだれの動作ですか。漢文中からぬき出しましょう。

（　　　）

2 ［　］に当てはまる②知レ進而不レ知レ却の書き下し文を書きましょう。

（　　　）

3 故事成語の「蟷螂の斧」とはどういう意味ですか。漢文の内容をふまえて、次から一つ選びましょう。

ア 弱者が強者に立ち向かうこと。

イ 弱者が強者をおそれること。

ウ 弱者が強者を打ち負かすこと。

（　　　）

読み取りのポイント

1 主語をとらえる

前の部分を読んでいきましょう。**「荘公」がだれかにたずね、そのだれかが答えた**、という文脈です。

2 正確に書き下す

返り点のきまりや置き字などに気をつけて書き下すようにしましょう。「而」は**置き字なので読まず、書き下す場合は書きません。**

○主な置き字…而・矣・於

3 文章の内容を読み取る

「蟷螂」の行動などから意味を考えましょう。

蟷螂…馬車の車輪をたたこうとする。

＝　＝

弱者　強者

「自分と相手の力量をかえりみない虫である」

荘公…武勇者になるだろうと思う

練習問題

「列子」より

❶ 次の漢文を読んで、問題に答えましょう。

➡答えは別冊27ページ

宋に狙公なる者有り、狙を愛し、①之を養ひて群を成す。能く狙の意を解し（さるの気持ちを理解でき、）、狙も亦公の心を得たり。其の家口（自分の家族の食べ物）を損じて、狙の欲（食欲）を充たせり。俄にして（まもなく）匱し（貧しくなる）。将に其の食（さるのえさ）を限らんとす（を制限しようとした）。衆狙（さるたち）の己に馴れざる（なつかなくなる）を恐れ、先づ之を誑して（だまして）曰はく、「若に芧を与ふるに（お前たちにどんぐりの実を与える）、②朝に三にして暮に四にせん。足るか（足りるか）」と。衆狙皆起ちて怒る。俄にして曰はく、「若に芧を与ふるに、③朝に四にして暮に三にせん。足るか」と。衆狙皆伏して（ひれ伏して）喜ぶ。

宋有二狙公者一、愛レ狙、養之成群。能解二狙之意一、狙亦得二公之心一。損二其家口一、充二狙之欲一。俄而匱焉。将レ限二其食一。恐二衆狙之不レ馴二於己一也、先誑レ之曰、「与二若芧一、朝三而暮四。足乎」。衆狙皆起而怒。俄而曰、「与二若芧一、朝四而暮三。足乎」。衆狙皆伏而喜。

登場人物について紹介している。

会話文の後にある送りがな「と」は、書き下し文では「」の外に出す。

狙公の発言の内容と、猿たちの反応を読み取ろう。

「将」は「まさニ～（セント）す」と二回読み、「今にも～しようとする」と訳す。

登場人物を確認！

- 「狙公」…さるをたくさん飼っている人。ここではあだ名。
- 「狙（衆狙）」…さる。ここでは狙公に飼われているさるたち。

1 ①之を養ひて群を成す　と読めるように、左の漢文に返り点と送り仮名を付けましょう。

養 之 成 群

2 ②朝に三にして暮に四にせん　③朝に四にして暮に三にせん　と言われたときの狙たちの気持ちがわかる漢字をそれぞれ漢文中から一字でぬき出しましょう。

② ［　　］　③ ［　　］

ヒント　狙たちは「衆狙」という言葉で表現されているよ。後の部分を読もう。

3 故事成語の「朝三暮四」とはどういう意味ですか。漢文の内容をふまえて、次から一つ選びましょう。

ア　言葉を交わさなくても、お互いの気持ちを理解できること。

イ　目先のちがいにとらわれて、実際は同じであることに気がつかないこと。

ウ　自分のことを犠牲にしてでも、他人を思いやって手厚くもてなすこと。

（　　）

ヒント　狙公の話を聞いたときの狙たちの反応がもとになっているよ。

練習問題

「世説新語」より

❷ 次の漢文を読んで、問題に答えましょう。

➡答えは別冊28ページ

話の背景についての説明をしている。

言いまちがいをしてしまった孫子荊が、それをごまかしている内容を読み取ろう。

「当」は「まさ二～ベシ」と二回読み、「当然～するべきである」と訳す。

「-」(ハイフン)は、「-」でつながれた漢字が熟語になっていることを示し、訓読では一字の漢字と同じ扱いをする。

孫子荊、年少き時、*隠れんと欲す。王武子に語るに、当に「石に枕し流れに漱がんとす」とすべきに、誤りて曰はく、「［　　］」と。王曰はく、「流れは枕すべく、石は漱ぐべきか」と。孫曰はく、「流れに枕する所以は、其の耳を洗はんと欲すればなり。石に漱ぐ所以は、其の歯を礪がんと欲すればなり」と。

（隠れんと欲す：隠棲しようと思っていた）
（当に「石に枕し流れに漱がんとす」とすべきに：当然「石を枕にして川の流れで口を漱ごうとする」とすべきところを、）
（流れは枕すべく、石は漱ぐべきか：川の流れは枕にすることができ、石は口を漱ぐことができるのか）
（所以：理由）
（其の耳を洗はんと欲すればなり：（俗事を聞いて汚れた）耳を洗い清めようとするためである）
（其の歯を礪がんと欲すればなり：（俗物を食べて汚れた）歯をみがこうとするためである）

孫子荊、年少時、欲レ隠。語二王武子一、当二「枕レ石漱一レ流」、誤曰、「①漱レ石枕レ流」。王曰、「流可レ枕、石可レ漱乎」。孫曰、「所二以枕一レ流、欲レ洗二其耳一。所二以漱一レ石、欲レ礪二其歯一」。

*隠れん…隠棲(俗世間をのがれて暮らす)する。

登場人物を確認！

- 「孫子荊」…西晋の人。才能はあるが協調性に欠ける。
- 「王武子」…同じく西晋の人で、孫子荊の友人。

1 ［　］に当てはまる ①漱レ石枕レ流 の書き下し文を書きましょう。

（　　　　　　　　）

2 孫子荊は言いまちがいをどう言ってごまかしましたか。□に当てはまる言葉を漢文中からぬき出しましょう。

「石を漱ぐ」は［　　］を磨こうとするためで、「流れに枕する」は［　　］を洗い清めようとするためだ。

ヒント 王武子に指摘された後の孫子荊の言動から読み取れるよ。

3 故事成語の「漱石枕流」とはどういう意味ですか。漢文の内容をふまえて、次から一つ選びましょう。

ア 誤りを指摘されても認めないこと。
イ 言いまちがいに気をつけること。
ウ 俗世間からのがれて過ごすこと。
エ 俗世の汚れを清めようとすること。

（　　）

ヒント この話から読み取れる孫子荊の人物像がもとになっているよ。

17 先人の教え

子貢政を問う ①
「論語」より
子貢が政治について孔子に質問した。
1
食料を十分にし、軍備を十分にし、人民に信義の心をもたせることだ。
2
子貢はさらに質問した。
どうしてもやむを得ず捨てるとしたら、この三つの中でどれを先に捨てますか。
3
4
軍備を捨てよう。

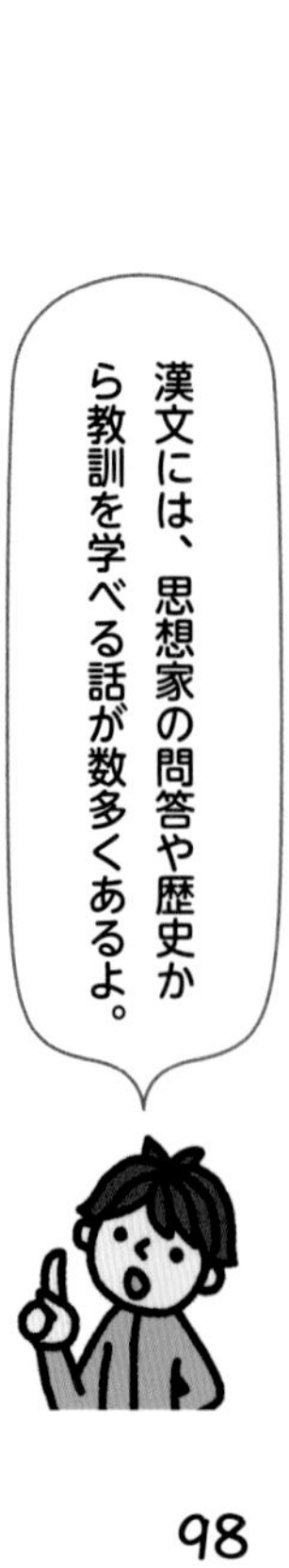
漢文には、思想家の問答や歴史から教訓を学べる話が数多くあるよ。

勉強した日　月　日

次のページで，この話を漢文で読んでみよう。話の続きは100〜101ページで！

漢文でかくにん①

子貢政を問う ①

「論語」より

＊子貢政を問ふ(ウ)。＊子曰はく(ワ)、「食を足らし、兵を足らし、民之を信にす」と。子貢曰はく(ワ)、「①必ず已むを得ずして去らば、②斯の三者に於いて何をか先にせん」と。③曰はく(ワ)、「兵を去らん」と。

（政：政治(について)　食：食料　兵：軍備　民之を信にす：人民に信義の心をもたせる　必ず已むを得ずして去らば：どうしてもやむを得ず捨てるとしたら、　斯の三者に於いて何をか先にせん：どれを先に捨てますか）

子貢問レ政。子曰、「足レ食、足レ兵、民信レ之矣」。子貢曰、「必不得已而去、於二斯三者一何先」。曰、「去レ兵」。

＊子貢…孔子の弟子。弁舌にすぐれ、財政に対する才能もあった。

＊子…先生。ここでは、孔子のこと。

問題

⬇答えは別冊28ページ

★上の文章を読んで答えましょう。

1 ①必ず已むを得ずして去らば と読めるように、左の漢文に返り点と送り仮名を付けましょう。

必 不 得 已 而 去

2 ②斯の三者 とありますが、これは何を指していますか。孔子が挙げていないものを、次から一つ選びましょう。

ア 政　イ 食　ウ 兵　エ 信

（　　）

3 ③曰はく とありますが、これはだれの動作ですか。漢文中からぬき出しましょう。

（　　　　）

読み取りのポイント

1 正確に返り点と送り仮名をつける

返り点のきまりや置き字などに気をつけましょう。

○レ点…すぐ下の字から一字上の字に返って読む。

帰レ国ニ（2 帰ル　1 国ニ）

○置き字

「而」は**置き字なので読みません。**

2 指示語の内容をとらえる

「斯の」は現代の日本語と同様に指示語なので、**その前の部分に注目しましょう。**

3 主語をとらえる

動作主は主語に当たるので、前の部分を読んでいきましょう。**「子貢」がだれかに質問をして、そのだれかが回答した**、という文脈です。

子貢《しこう》政《まつりごと》を問う　②

「論語《ろんご》」より

（子貢《しこう》が孔子《こうし》に政治について質問した。孔子は、食料を十分にし、軍備を十分にし、人民に信義の心をもたせることが重要と答え、何か一つを捨てるとすれば、軍備だと言った。）

子貢曰《い》はく《(ワ)》、「必ず已《や》むを得ずして去らば、①斯《こ》の二者に於《お》いて何をか先にせん」と。
（どうしてもやむを得ず捨てるとしたら）（どちらを先に捨てますか）
曰はく《(ワ)》、「食を去らん。［　　　　］。民《人民》信無くんば立たず」と。
（に信義の心がなければ(国は)成り立たない）

子貢曰《ハク》、「必《ズ》不レ得《シテ》レ已《ムヲ》而去《ラバ》、於《イテ》二斯《ノ》二者《ニ》一何《ヲカ》先《ニセント》」。曰《ハク》、「去《ラン》レ食《ヲ》。②自《より》レ古《いにしへ》皆《みな》有《リ》レ死。民無《クンバ》レ信不《ト》レ立《タ》」。

問題

↓答えは別冊29ページ
★上の文章を読んで答えましょう。

1 ①斯の二者　とありますが、これは何を指していますか。書き下し文中から一字で二つぬき出しましょう。
［　］・［　］

2 ［　　　　］に当てはまる　②自《リ》レ古　皆　有《リ》レ死　の書き下し文を書きましょう。
（　　　　　　　　）

3 「政」についての孔子の考えはどのようなものですか。［　］に当てはまる言葉を漢文中からぬき出しましょう。
政治は軍・［　］・［　］が大切である。
最も重要なのは［　］で、それがなければ政治は成り立たない。

読み取りのポイント

1 指示語の内容をとらえる
「斯の」＝指示語
↓前の部分に当てはまる内容がない
← 後の部分に注目する！

2 正確に書き下す
○書き下すときの注意点
・助詞と助動詞は平仮名《がな》で書く。
↓「自」＝助詞「より」
← 平仮名で書き下す！

3 文章の流れを読み取る
子貢の質問…政治で大切なことと、その優先順位について
←
孔子の回答…①人民に信義の心をもたせること
②食料を十分にすること
③軍備を十分にすること

子貢政を問う ②

「論語」より

まんがの□に入る言葉…信義

覚えタイ 話のパターン

弟子の質問で明かされる思想家の考え

漢文における思想や教訓にまつわる話では、思想家の弟子が質問を投げかけ、それに回答する形で考えが示されることが多いです。師匠である思想家と弟子たちの問答は文章としてまとめられ、現代まで伝わる書物となっています。

『論語』は、孔子自身や弟子たちの言葉、孔子と弟子たちの問答などが集められて、孔子の死後にまとめられたものです。孔子の考えは、後の様々な思想家に影響を与えました。

子貢が質問して、それに孔子が答えていたね。

練習問題

1 次の漢文を読んで、問題に答えましょう。 「史記」より

➡答えは別冊29ページ

（西伯はひそかに善行をしたので、諸侯たちは皆集まって公平な裁決をしてもらっていた。小国同士の虞と芮は、土地争いを裁決してもらうため、西伯が治める周に向かった。）

界に入るに、耕す者皆畔を譲り、民の俗は皆長に譲る。虞・芮の人未だ西伯を見ざるに、①皆慙ぢ相謂ひて曰はく、「吾が争ふ所は周人の恥づる所なり。何為れぞ往かん。②祇に辱を取らんのみ」と。遂に還り倶に譲りて去る。諸侯之を聞きて曰はく、「西伯は蓋し受命の君なり」と。

（周の）領地に入ると、／ならわし／年長者／恥ずかしく思いたがいに言い合った／どうして（裁決を求めに）行けるだろうか。／ただ恥をかくだけだ／思うに（天から）使命を受けた君主である

入レ界、耕者皆譲レ畔、民俗皆譲レ長。虞・芮之人未レ見二西伯一、皆慙相謂曰、「吾所レ争周人所レ恥。何往為。祇取レ辱耳」。遂還倶譲而去。諸侯聞レ之曰、「西伯蓋受命之君」。

周にやってきた虞と芮の人が見た光景を説明している。

「何為れぞ」は、「どうして〜か」と訳す。

西伯の国の治め方を受けて、諸侯が評価をしている。

登場人物を確認！

- 「西伯」…周の国の基礎をつくった人物。「文王」とも。
- 「虞・芮の人」…古代中国にあった小国の君主。

1 皆① とはだれのことを指していますか。書き下し文中から五字でぬき出しましょう。（記号もふくむ）

［　　　　　］

2 祇に辱を取らんのみ② とありますが、なぜ恥ずかしいと思ったのですか。□に当てはまる言葉を漢文中からぬき出しましょう。

自分たちは［　］い合っているが、

周の人たちは［　］り合っていたため。

ヒント 発言している人が周の国で見たことから考えよう。

3 漢文の内容から読み取れることは何ですか。次から一つ選びましょう。

ア 争わずたがいに譲り合うことの大切さ。

イ 相手を敬って譲り合うことの困難さ。

ウ 敵同士で譲り合うことの無意味さ。

（　　）

ヒント 西伯が治めている周の国の人々の様子をふまえて考えよう。

練習問題

2 次の漢文を読んで、問題に答えましょう。 「荀子（じゅんし）」より

➡答えは別冊30ページ

君子曰（い）はく、「学は以（も）つて已（や）むべからず。青は之（これ）を藍（あゐ）より取りて、藍よりも青く、氷は水之を為（な）して、水よりも寒（つめた）し」と。（中略）君子博（ひろ）く学びて、日に己を参省（さんせい）すれば、則（すなは）ち智（ち）明らかにして行ひ過（あやま）ち無し。

君子曰ハク、「学ハ不レ可カラ二以テ已ム一。青取之於藍、而青於藍、氷ハ水為レシテ之ヲ、而寒シト二於水ヨリモ一」。（中略）君子博ク学ビテ、而日ニ参二省スレバ乎己ヲ一、則チ智明ラカニシテ而行ヒ無レシ過チ矣。

（注）
- 君子は、主張したいことを、たとえを用いて説明している。→ 青は之を藍より取りて、藍よりも青く、氷は水之を為して、水よりも寒し
- 具体的にとるべき行動と、その効果について説明している。
- 学問は途中でやめてはならない
- 藍 … 藍の草
- 一日にわが身を何度も振（ふ）り返るならば
- 知恵（ちえ）がはっきりとついてきて
- 「-」（ハイフン）は、「-」でつながれた漢字が熟語になっていることを示し、一字の漢字と同じ扱いをする。→ 参省

1 青は之を藍より取りて、藍よりも青く と読めるように、左の漢文に返り点と送り仮名（がな）を付けましょう。

青 取 之 於 藍、而 青 於 藍

2 漢文中における「青」と「藍」、「氷」と「水」の関係性として、共通するのはどのようなことですか。次から一つ選びましょう。

ア もとのものの方がよいものであること。
イ 新しくできたものもすぐ元通りになること。
ウ 新しくできたものの方が繊細（せんさい）ではかないこと。
エ もとのものより性質の程度が強くなったこと。

（　　）

ヒント 青はもとの藍より青くて、氷はもとの水より冷たいんだね。

3 「君子」がこの話で伝えたいことはどのようなことですか。次から一つ選びましょう。

ア 学ぶことをやめずに努力し続けることが大切だ。
イ えらい人間になるには広く知識を得た方がよい。
ウ まちがいを正すには反省をしなければならない。

（　　）

ヒント 漢文全体を読んで、「君子」が何を伝えたいのかを読み取ろう。

18 風情にひたる

まんがでつかもう

李白「春夜　洛城に笛を聞く」
春の夜に、洛陽城にて笛の音が聞こえてきた。
誰の家の笛かわからないが、どこからか音が聞こえてくる
1
笛の音は春風に乗って散り、洛陽の町中に広がっている
2
この夜、この笛の曲の中に、「折楊柳」があった
これを聞いて、故郷を懐かしむ気持ちを起こさずにいられる者がいようか
3

漢詩は、中国の古い詩だよ。詩の形式などの知識も、入門ページと合わせてしっかり身につけていこう。

勉強した日　月　日

次のページで，この話を漢文で読んでみよう。

漢文でかくにん

李白「春夜　洛城に笛を聞く」

誰家玉笛暗飛声
散入春風満洛城
此夜曲中聞折柳
何人不起故園情

誰が家の玉笛ぞ　暗に声を飛ばす
誰の家で吹く玉笛の音色であろうか。どこからか笛の音が飛ぶように聞こえてくる

散じて春風に入つて　洛城に満つ
（笛の音は）春の風に乗って、洛陽の町中に広がっている

此の夜　曲中　折柳を聞く
この夜、この笛の曲の中に、「折楊柳」があった

何人か故園の情を起こさざらん
（この曲を聞いて、）故郷を懐かしむ気持ちを起こさずにいられる者がいようか（いや、いられない）

問題

➡答えは別冊30ページ
★上の文章を読んで答えましょう。

1 この漢詩の種類を、次から一つ選びましょう。
ア　五言絶句　　イ　五言律詩
ウ　七言絶句　　エ　七言律詩
（　　）

2 散じて春風に入つて　洛城に満つ　と読めるように、左の漢文に返り点と送り仮名を付けましょう。

散入春風満洛城

3 この漢詩の内容に合うものとして当てはまるものを、次から一つ選びましょう。
ア　おだやかな秋の夜に、笛の音色がいろどりをそえている。
イ　どこからか聞こえてきた折楊柳を聞き、故郷を恋しく思っている。
ウ　笛を吹いている人に会いたいが会えず、悲しみにしずんでいる。
（　　）

読み取りのポイント

1 漢詩の形式をとらえる
漢詩は、一句の**字数**と**句数**で、次の四種類に分類できます。
○絶句（四句の詩）
五言絶句…一句が**五字**、**四句**の詩
七言絶句…一句が**七字**、**四句**の詩
○律詩（八句の詩）
五言律詩…一句が**五字**、**八句**の詩
七言律詩…一句が**七字**、**八句**の詩

2 返り点の決まりをおさえる
○一・二点…「一」までを先に読んでから「二」に返って読む。
思フ二故郷ヲ一（3 1 2）

3 漢詩を鑑賞する
結句（絶句の四句目）は漢詩全体のまとめの内容になっている。
結句…何人か**故園の情**を起こさざらん
故郷を懐かしむ気持ち

王安石「梅花」

1
垣根のすみの梅の木の
数本の枝が、寒さを凌いでひとりで花を咲かせている
2
遠くからでもそれが雪でないとわかるのは
3
4
ほのかな香りがただよって来ているからだ

次のページで，この話を漢文で読んでみよう。

漢文でかくにん

王安石(おうあんせき)「梅花」

墻(しょう)角(かく)数(すう)枝(し)ノ梅

凌(しの)ギテレ寒ヲ独(ひとり)自ラ開ク

遥(はる)カニ知ル不ルヲ二是(これ)レ雪ナラ一

為(ため)ナリレ有ルガ二暗(あん)香(こう)ノ来タル一

墻角(しょうかく)　数枝(すうし)の梅

垣根(かきね)のすみの梅の木。（その）数本の枝が

寒を凌(しの)ぎて　独(ひと)り自ら開く

寒さに耐えて、ひとりで花を咲(さ)かせている

遥(はる)かに知る　是(こ)れ雪ならざるを

遠くからでもそれが雪ではないとわかる

暗香(あんこう)の来たる有るが為(ため)なり

（なぜなら）ほのかな香りがただよって来ているからだ

問題

★上の文章を読んで答えましょう。 ➡答えは別冊30ページ

1 この漢詩の種類を、次から一つ選びましょう。

ア　五言絶句(ごごんぜっく)　　イ　五言律詩(ごごんりっし)

ウ　七言絶句(しちごんぜっく)　　エ　七言律詩

（　　）

2 梅　とありますが、この梅の花の色は何色ですか。漢詩の内容をふまえて書きましょう。

（　　）

3 この漢詩の主題として当てはまるものを、次から一つ選びましょう。

ア　寒さの中、梅の花がほのかに香っている様子。

イ　梅の花がわずかしか咲かない、冬の厳しい様子。

ウ　作者が雪と梅の花を懸命(けんめい)に見分けている様子。

（　　）

読み取りのポイント

1 漢詩の形式をとらえる

漢詩の形式は、**字数**と**句数**で確かめよう。

2 漢詩の内容をとらえる

後の部分で**「梅」がどのようなものと似ているか**がえがかれている。それをふまえて、この漢詩では何色と表現できるかを考えよう。

「数枝の梅」← 第三句「是れ雪ならざるを」
↓何色？

3 漢詩の主題をとらえる

漢詩の構成をふまえて、主題をとらえよう。

○漢詩の構成

第一句（**起**句）→歌い**起**こす

第二句（**承**句）→前を**承**(う)ける

第三句（**転**句）→場面を**転**じる

第四句（**結**句）→まとめて**結**ぶ

「起承転結」の構成

練習問題

1 次の漢詩を読んで、問題に答えましょう。

↓答えは別冊31ページ

李白の漢詩のすばらしさを、たとえを用いながら説明している。

自分（杜甫）と李白がいる場所を挙げ、その距離の遠さを想像させている。

ここでは「トモに」と読み、「一緒に〜（する）」という意味になる。

春日憶李白　杜甫
白也詩無敵
飄然思不群
清新庾開府
俊逸鮑参軍
渭北春天樹
江東日暮雲
何時一樽酒
重与細論文

春日　李白を憶ふ（ウ）　杜甫
白や　詩に敵無し（李白よ（君の）詩にかなうものはない）
*飄然　思ひ（イ）は群ならず（他に並ぶものがない）
清新なるは*庾開府（新鮮さは）
俊逸なるは*鮑参軍（才能の非凡さは）
*渭北　春天の樹（春の木々を見る（わたし））
*江東　日暮の雲（日暮れの雲を見る（君））
何れの時か　一樽の酒もて
重ねて与に細やかに文を論ぜん（再び　一緒に詩をくわしく語り合いたい）

*飄然…何事にもとらわれないさま。
*庾開府…中国の詩人・庾信。開府は官位のこと。
*鮑参軍…中国の詩人・鮑照。参軍は官位。
*渭北…渭水の北側。　*江東…長江の東南。

登場人物を確認！
- 「杜甫」…作者。唐代の詩人で、「詩聖」と呼ばれる。
- 「李白」…「詩仙」と呼ばれる詩人。杜甫と交流があった。

1 この漢詩の種類を、次から一つ選びましょう。
ア　五言絶句　イ　五言律詩
ウ　七言絶句　エ　七言律詩
（　　）

2 清新なるは庾開府／俊逸なるは鮑参軍　とありますが、この部分で用いられている表現技法を、次から一つ選びましょう。
ア　対句　イ　倒置
ウ　擬人法　エ　擬態語
（　　）

どちらも「○○なるは○○」という形になっているね。

3 この漢詩の内容として当てはまるものを、次から一つ選びましょう。
ア　李白の詩は、自分の詩にはおよばないものだ。
イ　再び李白と詩について語り合いたいものだ。
ウ　李白とは渭北や江東でよく酒を飲んだものだ。
エ　李白の詩の発想は他の者と変わりないものだ。
（　　）

この形式の場合は、第七・八句が作者の伝えたいことのまとめになるよ。

練習問題

❷ 次の漢詩を読んで、問題に答えましょう。

➡答えは別冊31ページ

第一・二句(首連)は、春の山に入った作者の行動を説明している。

第三・四句(頷連)と、第五・六句(頸連)はそれぞれ対句になっている。

第七・八句(尾連)は、夜が明けてきてからの情景をえがいている。

春山夜月　于良史

春山多二勝事一
賞翫夜忘レ帰
掬レ水月在レ手
弄レ花香満レ衣
興来無二遠近一
欲去惜芳菲
南望二鳴鐘処一
楼台深二翠微一

春山の夜月　于良史

春山　勝事多し（美しい景色）
賞翫して（楽しんで）　夜　帰るを忘る
水を掬すれば（水をすくうと）　月は手に在り
花を弄すれば（なでれば）　香（香り）は衣（衣服）に満つ
興来たりて（夢中になって）　遠近無く
去らんと欲して　芳菲＊を惜しむ
南のかた鳴鐘の処を望めば
楼台＊　翠微＊に深し

＊芳菲…草花の美しさや香り。
＊楼台…寺院の楼。
＊翠微…緑につつまれた山の中腹。

1 この漢詩の中で、押韻している(韻をふんでいる)字をすべてぬき出しましょう。

(　　)(　　)

ヒント 「韻をふむ」とは句末に同じひびきを持つ字を使ってリズムを整える表現技法のことだよ。

2 去らんと欲して　芳菲を惜しむ　と読めるように、左の漢文に返り点と送り仮名を付けましょう。

欲　去　惜　芳　菲

3 この漢詩の内容として、当てはまらないものを、次から一つ選びましょう。

ア　春の山は美しい景色が多く、それを楽しんでいると夜帰るのを忘れてしまう。

イ　水をすくうと、月の明かりが消えてしまい、花をなでると、香りも消えてしまう。

ウ　夢中になって遠くまで歩き続け、立ち去ろうとすると草花の香りに引きとめられてしまう。

エ　南の方から鐘の音が鳴り、見ると青々とした山に寺院の楼閣がうかび上がっている。

(　　)

ヒント この詩は二句で一つのまとまりになっているよ。それぞれの内容を読み取ろう。

勉強した日　月　日

得点　/100点

↓答えは別冊32ページ

1 次の漢文を読んで、問題に答えましょう。

善く兵を用ふる者は、譬へば率然のごとし。率然とは常山の蛇なり。［　　］、其の尾を撃てば則ち首至り、其の中を撃てば則ち首尾倶に至る。敢へて問ふ、「兵は率然のごとくならしむべきか」と。曰はく、「①可なり。夫れ呉人と越人とは相悪むも、其の舟を同じくして済り風に遇ふに当りて、其の相救ふこと、左右の手のごとし」と。

（善く兵を用ふる＝上手に軍隊を統率する　首至り＝頭が助けに来て　中＝胴体　首尾＝頭と尾の両方　撃てば＝攻撃すると　ならしむべきか＝させることができるか　可なり＝可能である　夫れ＝そもそも　相悪む＝たがいに憎み合っている　其の舟を同じくして済り＝船に同じく乗って(川を)渡る　風に＝突風に　遇ふに当りて＝遭遇したならば　相救ふ＝たがいに助け合う）

善用レ兵者、譬如二率然一。率然者常山之蛇也。②撃二其首一則尾至、撃二其尾一則首至、撃二其中一則首尾倶至。敢問、「兵可レ使レ如二率然一乎」。曰、「可。夫呉人与二越人一相悪也、当二其同レ舟而済一遇レ風、其相救也、如二左右手一」。

〈「孫子」による〉

＊常山…中国五岳の一つである、恒山のこと。

1 ①可なり とありますが、なぜこのように言ったのですか。（　）に当てはまる言葉を考えて書きなさい。（20点）

憎み合っている呉の人と越の人でも、（　）から。

（　　　　）

2 ［　］に当てはまる ②撃二其首一則尾至 の書き下し文を書きなさい。（10点）

（　　　　）

3 この漢文は「呉越同舟」という故事成語のもとになった話ですが、「呉越同舟」の意味を次から一つ選び、記号で答えなさい。（20点）

ア　味方どうしで助け合って目的を果たすこと。
イ　仲の悪い者どうしが同じ場所に居合わせること。
ウ　攻撃してもすぐに助けが来て意味がないこと。
エ　左右の手をあやつりながら助け合うこと。

（　　）

2 次の漢詩を読んで、問題に答えましょう。

寄殷協律　白居易
五歳優游同過日
一朝消散似浮雲
琴詩酒伴皆抛我
雪月花時最憶君
幾度聴鶏歌白日
亦曾騎馬詠紅裙
呉娘暮雨蕭蕭曲
自別江南更不聞

殷協律に寄す　白居易
五歳優游して　同じく日を過ごす（五年間楽しく遊んで）
一朝消散　浮雲に似たり
琴詩酒の伴は　皆我を抛てり（管弦と詩作と酒をくみ交わしたお供／放り出した）
雪月花の時最も君を憶ふ（ウ）（雪の朝、明月の夜または花の季節）
幾度か鶏を聴き白日*を歌へる（エ）（時を告げる鶏の声）
亦曾て馬に騎る紅裙を詠じき（馬に乗ってくる美しい歌姫）
呉娘　暮雨に蕭蕭たる曲*（呉の国の美しい女性）
江南に別れてより更に聞かず（もう二度と聞いていない）

*白日…白居易が杭州にいた時に聞いた曲名。
*暮雨に蕭蕭たる曲…「夕方の雨はものさびしい」という曲。

1 この漢詩の種類を次から一つ選び、記号で答えなさい。（20点）

ア　五言絶句　　イ　五言律詩
ウ　七言絶句　　エ　七言律詩

（　　　）

2 亦曾て馬に騎る紅裙を詠じき　と読めるように、左の漢文に返り点と送り仮名を付けなさい。（10点）

亦　曾　騎　馬　詠　紅　裙

3 この漢詩は作者のどのような様子が表現されているか。（　　）に当てはまる言葉を考えて書きなさい。（20点）

「君」と過ごした江南の日々を（　　　　）

プラスワン　漢詩の形式に注目！

漢詩の主な四種類について勉強しました。絶句は四句からなる詩、律詩は八句からなる詩です。五言は一句の字数が五字、七言は一句の字数が七字であることを指します。

2 の「殷協律に寄す」は、八句からなり、一句が七字であることから考えましょう。

古典こぼれ話

ほかにもある　こんな話

故事成語のもとになった話①

◆推敲　――「唐詩紀事」より

賈島は、科挙（官吏の登用試験）を受けるために都の長安にやってきました。その途中、ロバに乗りながら詩を作っていると、「僧は推す月下の門」という句ができました。しかし、「推す」を改めて「敲く」という表現にしたいと思いました。そこで、手で推すと敲くの動作をしてみたものの、まだ決まりません。

そうしているうちに、思わず大尹（都の長官）の韓愈の列にぶつかってしまいました。賈島はそこで、列にぶつかってしまった理由をくわしく説明しました。韓愈は「敲という文字が良い」と言いました。

問題①

この話からできた故事成語「推敲」とはどういう意味でしょう。次のア～ウから選びましょう。

ア　目上の者に無礼をはたらいてはならないということ。
イ　多数の意見をおさえつける権力者のひと言のこと。
ウ　詩や文章の字句や文章を何度も練り直すこと。

（　　）

故事成語のもとになった話②

◆塞翁が馬　――「淮南子」より

昔、中国の北方に老人が住んでいました。ある日、老人の飼っていた馬が突然胡の国（西方の異民族の国）に逃げていきました。人々が皆気の毒に思ってなぐさめると、老人は「これが不幸なこととは限らない」と言いました。

その後、にげた馬が胡の国の立派な馬を連れて帰ってきました。人々は皆お祝いをしました。しかし、老人は「これが幸せなこととは限らない」と言いました。

すると、老人の息子がその馬から落ちて脚を折ってしまいました。人々は皆お見舞いにやってきました。すると老人は「これが不幸なこととは限らない」と言いました。一年後、胡の国がせめこんできて、村の若者たちの多くは戦死してしまいました。しかし、老人の息子は脚を骨折していたため、戦争に行かずに済み、親子ともに無事でした。

問題②

この話からできた故事成語「塞翁が馬」とはどういう意味でしょう。次のア～ウから選びましょう。

ア　人生の幸・不幸は転々としており予測できないこと。
イ　不幸な出来事がいつかは自分に降りかかってくること。
ウ　どんな出来事にも落ち着いていて、全く動じないこと。

（　　）

問題の答え　①ウ　②ア

この「解答と解説」は取り外して使えます

わからないをわかるにかえる

中学国語 古文・漢文 1～3年

解答と解説

BUNRI

1～3 古文入門編

★現代語訳は本文中にあります。 6～11ページ

練習問題 解答 7ページ

1 A いう　B よろず

2 いと

3 イ

解説

1 語頭以外の「ふ」は「う」に、「づ」は「ず」に直します。

2 「いと」は、現代では使われない言葉で、「とても。たいそう。」という意味です。

3 現代と意味のちがう言葉に注意しましょう。「うつくし」は、現代では「美しい」という様子を表しますが、古文では、「かわいらしい」という意味です。

練習問題 解答 9ページ

1 朝日

2 ウ

3 ウ

解説

1 ——部①の前後は、「朝日がたいそうはっきりとさしているときに」という意味で、主語は「朝日」です。「朝日」のあとに、「が」に当たる助詞が省略されています。

2 「雨の」の「の」は主語を表す「の」、「かかりたる」の「たる」は完了(かんりょう)の助動詞です。

3 前の部分に係りの助詞「こそ」があります。「こそ」の場合、結びの活用形は已然形(いぜんけい)になります。

練習問題 解答 11ページ

1 三

2 あかねさす

3 掛詞

解説

1 「月見れば／千々(ちぢ)に物こそ／悲しけれ／わが身一つの／秋にはあらねど」と分けられます。三句目で意味が切れています。

2 「あかねさす」は「紫(むらさき)」や「日」などにかかる枕詞(まくらことば)です。

3 一つの言葉に複数の同音の語の意味を重ねる技法を、掛詞(かけことば)といいます。

4 クスッと笑えるオチのある話

14〜19ページ

古文でかくにん① 解答

15ページ

1 獅子・狛犬・後ろ
〔「獅子」と「狛犬」は順不同〕

2 いえば

3 イ

解説

1 前の部分に、「獅子・狛犬、背きて、後ろさまに」とあります。

2 「へ」を「え」に直します。

3 上人の、「あな、めでたや」「いとめづらし」「ふかき故あらん」という言葉から、たがいに後ろ向きに立っている獅子と狛犬を見て感動していることがわかります。また、「殊勝のことは御覧じとがめずや」という言葉から、獅子と狛犬のすばらしさについて共感を求めていることがわかります。

現代語訳 神殿の前にある獅子と狛犬が、(たがいに)背を向けて、後ろ向きに立っていたので、上人はたいそう感心して、「ああ、すばらしいことだ。この獅子の立ち方は、たいへんめずらしい。深いわけがあるのだろう」と涙ぐんで、「やあ、みなさん、(この獅子と狛犬の)格別なことは、ご覧になって不思議にお思いになりませんか。(思わないとは)あまりにひどい」と言うので、(他の人々は)それぞれ不思議がって、「本当に他と比べて特別ですなあ。都のみやげ話にしましょう」などと言う。

古文でかくにん② 解答

16ページ

1 ウ

2 神官

3 イ

解説

1 上人は「獅子の立てられやう」の「習ひ(いわれ)」を聞いています。

2 前の部分に出てくる人物は、「上人」と「神官」です。どちらの動作かを順に確認しましょう。
・上人が神官を呼んだ。
・上人が「この御社の……承らばや」と、神官に聞いた。
・神官が「そのことに……候ふことなり」と言って、「さし寄りて」いる。

3 前で、神官が「さがなき童どもの仕りける」と言っています。

現代語訳 上人はいっそう知りたがって、年配の、物を心得ていそうな顔をしている神官を呼んで、「このお社の獅子の立てられ方は、きっといわれがあることでございましょう。少々お聞きしたいものです」とおっしゃったところ、「その事でございます。いたずら好きな子供たちがいたしましたことで、けしからぬことでございます」と言って、(獅子と狛犬に)近寄って、(元のように)置き直して行ってしまったので、上人の感動の涙はむだになってしまった。

練習問題①　解答

18ページ

1　亭主

2　ア

3　○・×・×・○

解説

1　だれが、何をしたのかをとらえましょう。ある動作に対して、「だれが」という主語を探すときは、前の部分に注目しましょう。

2　「そち」をふくむ会話文は「亭主」の言葉で、前に「麦飯がすき」だと言った「客」に対して、「米の飯はあれども出さぬ」と言っています。

3　会話文に着目し、二つの場面でのやりとりを読み取って考えましょう。

現代語訳　客が来たので亭主が出て、「飯はあるが、麦飯なので、いやであろう」と言う。（客は）「私は生まれつき麦飯が好きだ。麦飯ならば三里も行って食べよう」と言う。（亭主は）「それならば」と（麦飯を）ふるまった。

またあるとき、例の人（客）が来た。「そなたは麦飯が好きであるから、米の飯はあるが出さない」と言うと、（客は）「いや、米の飯ならば、五里も行こう」と言ってまた食べた。

練習問題②　解答

19ページ

1　イ

2　かづら

3　上手・にげて

解説

1　前に「くくりをかけて鹿を取りけるほどに」、後には「くくりにかけてとりたらん、……」とあることから、「大鹿」が「男」のかけたわなにかかったことがわかります。

2　すぐ後の部分に、「鹿にはあたらずして、くくりにかけたりけるかづらにあたりたりければ」とあります。

3　文章を流れに沿って読み取りましょう。「射殺したりといひて、弓の上手のよし人に聞かせん」と思った男が、わなにかかった鹿に矢を射たところ、わなの綱に当たったので、鹿をにがしてしまったのです。

現代語訳　前の大和の国司である源時賢の墓所は、長谷という所にある。そこの墓守をする男が、わなをかけて鹿をつかまえていたところ、ある日、大きな鹿がかかっていた。この男が思うには、「わなにかけてつかまえるのは、たやすいことだ。射殺したと言って、弓が上手であることを人に言いふらそう」と思って、わなにかけた鹿に向かって大雁股の矢をつがえて射たところ、その矢は、鹿には当たらずに、わなにつないでいた綱に当たったので、綱が射切られて、鹿はなんなく走ってにげていってしまった。この男は、頭をかいてくやしがったが、どうにもならなかった。

5 たとえ話の言いたいことは　20〜25ページ

古文でかくにん① 解答　21ページ

1 猫

2 イ

3 猫の首(かの猫)・鈴

解説

1 前の部分に、「かの猫」とあります。

2 前に「油断して取らるるのみなり」とあります。鼠たちは、猫に「取らるる」のをさけるにはどうしたらいいかを話し合っているのです。

3 「皆々」は、前にある「故老の鼠」の言葉に対して「もつとも」と同意しています。「故老の鼠」は、「猫の首に鈴を付け」ればよいと言っています。

現代語訳　「あの猫は、声をたてるか、そうでなければ足音を大きくするなどすれば、あらかじめ用心できるけれども、ひそかに近づいてくるので、(われわれ鼠は)油断してつかまるばかりだ。どうしたらいいだろう」と言ったところ、経験の豊かな老人の鼠が進み出て申し上げるには、「結局のところ、猫の首に鈴を付けておきましたら、たやすくわかるだろう」と言う。みんな、「もっともだ」と同意した。

古文でかくにん② 解答　22ページ

1 だれ

2 イ

3 ウ

解説

1 「いふ」の前にある会話文に、「このうちよりだれ出でてか、猫の首に鈴を付け給はんや」とあります。

2 「我付けん」とは、〝私が猫の首に鈴を付けよう〟ということ。「けなげだて」＝〝勇気があるようなこと〟を言っても、実際に猫の首に鈴を付けるとなると、こわくて実行できなかったのです。

3 「広言」とは、〝大きなことを言う〟という意味です。前に「其ごとく」とあるように、筆者が鼠たちのエピソードから言いたいことを述べた部分です。

現代語訳　「そうしたら、この中からだれが出て行って、猫の首に鈴をお付けになるか」と言ったところ、身分の高い鼠から身分の低い鼠に至るまで、「私が付けよう」と言う者はいない。これによって、そのときの協議の決着はつかず解散した。

このように、人が勇気のあるようなことを言うのも、ただ安全な畳の上に座って大きなことを言うようなものである。

練習問題① 解答

24ページ

1 亀

2 ウ

3 食物・蛙

解説

1 「蛇」が「蛙」に「時のほど～」と言ったので、その「使者」となれるのは「亀」です。

2 「世の常の時」は、「池の水」も「食物」もあるときのことです。

3 日照りで「食物」がなく、蛇は空腹になっているのです。蛙の言葉に着目して読み取りましょう。

現代語訳 ある池の中に、蛇と亀、蛙が友人として住んでいた。世の中が日照りになって、池の水も消え、食べ物もなくなって、飢え死にしそうになり、何もできずにいる時、蛇が、亀を使者として、蛙のもとへ「ちょっとおいでください、お目にかかりましょう」と言ったところ、蛙が、返事をして申し上げるには、「(あなたは)飢えに苦しめられているので、仁義を忘れて食事のことばかり考えている。情けも親交も平常の時のことだ。このような頃なので、とてもうかがうことはできない」と返事をした。いかにも危ない訪問である。

練習問題② 解答

25ページ

1 蝉

2 ㋑・㋒

3 ア

解説

1 孫叔敖のたとえ話に出てくる登場人物は、「蝉」「蟷螂」「黄雀」「童子」です。「蟷螂」が見ていたのは何かを前の部分から読み取りましょう。

2 「黄雀、また蟷螂をのみまもりて、～童子のをかさむとするを知らず」とあります。

3 孫叔敖のたとえ話は、「前利をのみ思ひて、後害をかへりみざる」ことの危険を伝えるものでした。

現代語訳 楚の襄王が、晋の国をうとうとした。孫叔敖がこれをいさめ申し上げて言うには、「庭園の楡の木の上で、蝉が、露を飲もうとする。後ろでかまきりがおそおうとしているのを知らない。かまきりは、また蝉だけを見ていて、後ろですずめがおそおうとしているのを知らない。すずめは、またかまきりだけを見ていて、楡の木の下で弓を引いて、子供がおそおうとしているのを知らない。子供は、またすずめだけを見ていて、前に深い谷と、後ろに掘り出した木の根っこがあることを知らずにいて、身を危険にさらしている。これはみな、前にある利益だけを考えて、後ろにある災難をかえりみないためである」と申し上げた。王は、このとき、話の意味を理解して、晋を攻めることを、思いとどまられた。

6 おどろくべき正体

26～31ページ

古文でかくにん① 解答

27ページ

1 押領使・土大根

2 敵

3 ア

解説

1 「なにがしの押領使……土大根を……朝ごとに二つづつ焼きて食ひける」と書かれています。

2 「敵襲ひ来りて囲み攻めける」とあるので、「敵」が主語です。

3 「命を惜しまず戦ひて、皆追ひかへしてげり」とあります。敵と戦い、追い返したのです。

現代語訳 筑紫に、なんとかの押領使などというような者がいたが、大根をすべてによくきく薬と思って、毎朝二本ずつ焼いて食べることが、長年になった。ある時、館の中にだれもいないすきをねらって、敵が襲ってきて館を包囲して攻撃してきたとき、館の中に武士が二人出てきて、命を惜しまず戦って、(敵を)みな追い返してしまった。

古文でかくにん② 解答

28ページ

1 土大根

2 イ

3 ウ

解説

1 「いかなる人ぞ」という問いに対して、二人の武士は「土大根らにさぶらふ」と答えています。

2 27ページに「土大根を万にいみじき薬とて、朝ごとに二つづつ焼きて食ひける」とあります。土大根が何にでもきく薬だと信じていたのです。

3 土大根を信じて食べ続けていたおかげで、身に危険がせまったときに、土大根が人の姿として現れ、助けてくれたのです。

現代語訳 (押領使は)とても不思議に思われて、「日ごろこの館に仕えていらっしゃるとも思われない人たちが、このような戦いをなさるとは(あなたがたは)どういう人ですか」とたずねると、(二人の武士は)「(あなたが)長年頼みにして、毎朝召しあがった大根たちでございます」と言って消えてしまった。
深く信じていたので、このような恩恵もあったのである。

練習問題① 解答

30ページ

1 銭持ちたる人

2 ウ

3 宝

解説

1 天竺の人(親)から銭五十貫を持たされた子は、「銭持ちたる人」と言いかえられています。

2 直前に「殺して物にせんずる」という言葉を聞いて、買おうと言っています。買った後に亀を放していることからも、殺される亀をかわいそうに思ったことがわかります。

3 「宝を買はんために、銭五十貫を子に持たせてやる」と述べられています。

現代語訳 昔、インドの人が、宝を買うために、銭五十貫を子に持たせておつかいにやった。(子が)大きな川のそばを行くと、舟に乗っている人がいる。舟の方を見ると、舟から亀が、首を差し出している。銭を持っているその子が立ち止まって、この亀を、「何のためのものか」と問うと、(舟に乗っている人は)「殺してものに使おうとするのだ」と言う。(銭を持つ子が)「その亀を買おう」と言うと、この舟の人が言うには、非常に大切な事情があって、手に入れた亀だから、たいそうな金額であっても、売るわけにはいかない事情(があること)を言うと、(銭を持つ子は)やはり無理やりに手をすり合わせて(たのみこみ)、この五十貫の銭で、亀を買い取って(川に)放した。

練習問題② 解答

31ページ

1 イ

2 買ひて放しつる亀

3 濡れながら

解説

1 親に、なぜ銭を返してよこしたのか、と問われたので、子は、銭は亀を助けるために使ってしまい、なくなってしまったという事情を説明しようとしたのです。

2 最後の段落に、「買ひて放しつる亀」が、銭を「親のもとに」届けたという内容が書かれています。亀が「黒き衣きたる人、同じやうなる五人」の姿で銭を届けたのです。

3 川に落ちていたので、濡れていたのです。

現代語訳 (子が)親の家に帰っていって、銭は亀に代えた事情を話そうと思っているときに、親が言うには「どうしてこの銭を返してよこしたのか」と問うと、子は言う、「そういうことはありません。その銭については、これこれで亀に代えて逃がしてしまったので、その事情を申し上げようとして来たのです」と言うと、親が言うには「黒い着物を着た人で、同じ格好の五人が、それぞれ十貫ずつ持って来たのだ。これがそれだ」と言って(銭を)見せたところ、この銭はまだ濡れたままである。

なんと買って放した亀が、その銭が川に落ちていったのを見て、手に入れて、親のもとに、子が帰らないうちに(届けて)やったのだった。

まとめのテスト 解答 32〜33ページ

1

1 老人

2 イ

3 例だまされて自分の年を当てられてしまったから。

2

1 鷲

2 例つかんで飛びあがり、高い所から落とせば

3 イ

解説

1

1 前の部分に「老人あり。」とあります。

2 「ある時〜侍りけん」の部分から読み取りましょう。

3 前の部分から読み取りましょう。「仕合せよき人数に入りたいと思って「われも子の年」と言ったために、「いくつ」と年を当てられてしまったのです。「かの人」は、自分の年をかくしていた「老人」のことです。

2

1 登場するのは「鷲」「かたつぶり」「烏」です。前から順に読み取りましょう。

2 すぐ前の烏の言葉に着目しましょう。

3 「権門高家の人」「智者」が、たとえ話の中でだれに当たるかを考えましょう。

現代語訳

1

老人がいた。自分の年をかくして、(人が)「いくつ」とたずねても決して言わない。ある時、(人が)「子の年の人には福がある」と(言って)、何度も指をおりながら数え、「そなたは何の年か」と(たずねた)。(老人は)幸せのある仲間に入るのをうれしく思ったのでしょうか、「わしも子の年だ」と言った。(きいた人は)すぐに指をおって(数えて)みて、その(老人の)年をいくつだと当てた。かの人(老人)はだまされて、おもしろくない思いであった。また別の席で(人が)「何の年か」とたずねる時、(老人は)「狼の年だ」と答えたという。

2

ある時、鷲がかたつむりを食べたいと思ったけれど、どうしようということもわからず、思いなやんでいるところに、烏が横から進み出て申し上げることには、「このかたつむりを殺して食べることは、とてもかんたんなことです。私が申し上げるようにしなさったあと、私にその(かたつむりの)半分をおあたえになれば、教え申し上げましょう」と言う。鷲が承知してその方法をたずねると、烏が申し上げるには、「このかたつむりをつかんで飛びあがり、高いところからお落としになれば、この殻はすぐにくだけるでしょう」と言う。(鷲が烏の言う)案のようにしますと、たやすく取ってこれ(かたつむり)を食べる(ことができた)。

そのように、たとえ勢いがあり身分が高い人であっても、自分の心の思うままにせず、知恵のある者の教えに従うのがよい。

⑦ 思いがけない奇跡

36〜41ページ

古文でかくにん① 解答

37ページ

1 我、痛きかな、痛きかな

2 こえ

3 尼寺・蓼原

解説

1 発言の目印になる「いはく」、「……と。」に注目しましょう。「いはく」と「……と。」にはさまれた部分が泣き叫んだ内容です。

2 現代仮名遣いに直すときは「ゑ」を「え」にしましょう。

3 泣き叫ぶ声が聞こえた場所です。「葛木の尼寺の前の蓼原の中」とあります。

現代語訳 今ではもう昔のことだが、聖武天皇の時代に、奈良に都があったころ、天皇の命令があって、夜、都中を巡って夜の見回りをすることがあった。

さて、その見回りの人が聞いたのは、真夜中に、葛木の尼寺の前のタデの生えた草むらの中に、人が泣き叫ぶ声があった(ことであった)。叫んで言うには、「ああ、痛いよ、痛いよ」と。見回りの人は、これを聞いて、その場所にかけつけた。見ると、タデの生えた草むらの中に人がいる。不審に思って、その人をつかまえてたずねると、なんと盗人であった。

古文でかくにん② 解答

38ページ

1 弥勒菩薩

2 ア

3 ウ

解説

1 「夜行の人」が自分のしたことを天皇に報告したという内容です。「夜行の人」がしたのは、弥勒菩薩像を盗んだ盗人をつかまえたことです。

2 直前に注目しましょう。「菩薩は血肉を具し給はず」とあります。肉体がないのだから、痛みを感じるはずがない、という内容です。

3 最後の一文に注目しましょう。菩薩像は盗人に仏像を壊すという「重き罪を犯さしめじ」と考え、泣き叫んだのです。

現代語訳 (その盗人は)その寺の弥勒菩薩の銅像を盗み取って、壊そうとしているのだった。そこで、見回りの人は、その盗人をしばり捕らえて、役所につき出して牢屋に閉じこめた。天皇にこのことを申し上げて、仏を取り返して、もとのように寺に安置し申し上げた。

このことを思うと、菩薩は肉体をもっていらっしゃらない。どうしてお痛みになるところがあろうか(、いや、ないはずだ)。だとしたら、ただこれ(＝菩薩が泣き叫んだこと)は、凡夫にお示しくださったのだ。「盗人に重い罪を犯させないようにしよう」とお思いになったため(に泣き叫んだの)だ。

練習問題① 解答

40ページ

1 ウ

2 百味の飲食

3 イ

解説

1 女は観音像に「財を施せ」と祈りましたが、その後も元のままからっぽのかまどに自分の貧しさを思い知らされ、頬を押さえてうずくまり、途方にくれたのです。

2 「すなはち与へて」とあるので、女に持ってきたものをあげたのです。持ってきたものは「大櫃」に入った「百味の飲食」です。

3 女は、家に通ってきた夫をもてなしたいと思っていたのです。

現代語訳 (女は観音菩薩像に)「恥をかかせないでください。私に早く財産をください」と申し上げる。(そして、観音像がある部屋から)出てさっきのように、からっぽのかまどに向かって、頬を押さえてうずくまる。すると午後四時ごろに、急に門をたたいて人を呼ぶ(声がする)。出てみると、(そこには)隣の裕福な家の乳母がいる。大きな箱にさまざまな味の(すばらしい)食べ物をそろえて入れてあり、おいしそうに香り、そろっていないものはない。器はみな金属製の椀や漆塗りの皿である。(乳母は)さっそく(それらを女に)与えて言うことには、「客が来ていると聞いたので、隣の奥様が、いろいろともものを差し上げるのです。ただし器は後で(返して)ください」と言う。

練習問題② 解答

41ページ

1 ア

2 観音

3 ウ

解説

1 女が感謝の言葉を述べているのに「知らない」と言っているので、女主人は食べ物を乳母に持って行かせた覚えはないと言っているのです。

2 使いの乳母に着せた黒い衣が、観音像にかかっていたので、料理を持ってきてくれた乳母の正体が観音だったことがわかりました。

3 「ますます懇ろに勤めて」とあるので、女がますます観音像に礼拝するようになったことがわかります。

現代語訳 女は、その(隣の)裕福な家に行って、お礼を述べて、喜び感謝した。隣の家の女主人が言うことには、「おろかな娘さんですね。もしかして、鬼に(とりつかれて)おかしくなっているのではないですか。私は知りません」と言う。その使い(の乳母)もやはり言うことには、「私も知りません」と言う。やかましく言われて家に帰り、いつものように(観音菩薩に)礼拝しようとして、堂(＝菩薩像がある部屋)に入って見ると、使い(の乳母)に(お礼として)着せた黒い着物が、銅像にかかっていた。そこでわかった、(あのごちそうが)観音が下さったものだったということが。そういうわけで(女は)因果応報の定めを信じ、ますます心をこめて礼拝して、その像を敬いたてまつった。

8 芸は身を助ける

古文でかくにん① 解答 43ページ

1 さがなくてよからん

2 嵯峨

3 イ

解説 42〜47ページ

1 小野篁は、天皇に「読め」と言われて、しぶしぶ「さがなくてよからん」と読んでいます。

2 「さが」という読み方の言葉は、本文に「嵯峨」の帝が出てきます。

3 嵯峨天皇は、あっさりと漢文を読んでしまった篁を、札を書いた犯人だと疑っているのです。

現代語訳 今ではもう昔のことだが、小野篁という人がいらっしゃった。嵯峨天皇の時代に、（だれかが）内裏に札を立てたところに、「無悪善」と書いた。帝（＝嵯峨天皇）は、篁に、「読め」とおっしゃったので、（篁は）「読むことは読みましょう。しかし恐れ多いことですので、申し上げられません」と申し上げたところ、（帝）「ただ申せ」とたびたびおっしゃったので、（篁が）『さがなくてよからん』と（立て札は）申しております。つまり天皇陛下を呪い申しているのです」と申し上げると、（帝が）「おまえ以外にだれが書くだろうか（いや、お前以外に書くまい）」とおっしゃったので、……

古文でかくにん② 解答 44ページ

1 ア

2 子・十二

3 イ

解説

1 直前で御門が「さて何も書きたらん物は読みてんや」と問うたことに対して、篁が返事をしています。

2 直前に注目しましょう。「片仮名の子文字を十二書かせて給ひて」とあります。

3 篁は難題に対して、「ねこの子のこねこ、ししの子のこじし」と見事に答えました。それに御門は感心したのです。

現代語訳 （篁が）「だから、申し上げますまいと申しましたのに」と申し上げると、御門（＝嵯峨天皇）は、「では何でも書いたような物は読めるのだろうか」とおっしゃったので、（篁は）「何でも読みましょう」と申し上げたところ、（御門は）片仮名の「子」という字を十二個書かせなさって、「読め」とおっしゃったので、（篁は）「ねこの子のこねこ、ししの子のこじし」と読んだので、御門はほほえまれて、何事もなく済んだのだった。

練習問題① 解答　46ページ

1 山守・斧

2 返し

3 エ

解説

1 直前に「山守に斧を取られて」とあります。

2 「山守返しせんと思ひて」とあります。木こりの和歌がすばらしく、とっさに返歌が作れなかったのです。

3 「よき」には「良き」と「斧」の二つの意味が掛けられています(掛詞)。また「悪しき」と「良き」が対比され、「悪しき」「なき」「わりなき」「よき」と「き」が多く使われて、独特のリズムが生まれています。質の悪い斧を使う悲しみは読み取れません。

現代語訳 今ではもう昔のことだが、木こりが、山守に斧を取られて、困った、つらいと思って、頬杖をついて座っていた。山守は(それを)見て、「この場にふさわしい和歌を詠め。返してやろう」と言ったので、

悪いものでさえないとつらい世の中で、よい斧を取られてしまって、私はどうしようか(いや、どうしようもない)。

と詠んだところ、山守は返事の和歌を作ろうと思って、「うううう」とうめいたが、(返事は)できなかった。そして(山守は木こりに)斧を返して取らせたので、(木こりは)うれしいと思ったということだ。人はひたすら歌を心がけて詠むべきだと思われる。

練習問題② 解答　47ページ

1 盗人

2 イ

3 とるところの物(ども)

解説

1 家の中のものを取っていった人物なので「盗人」です。

2 「感情おさへがたくして」の内容は、直後の盗人の発言に表れています。篳篥の演奏を聞き、「悪心みなあらたまりぬ」と述べています。

3 盗んだものを置いていったという内容です。盗人が「とるところの物どもことごとくに返したてまつるべし」と述べています。

現代語訳 博雅の三位の家に泥棒が入った。三位は、板敷の下に逃げ隠れた。泥棒が帰り、その後、(三位は)はい出して、家の中を見ると、残っているものは何もなく、みな(泥棒が)とってしまっていた。(泥棒が)篳篥(という笛)一つを戸棚に残していたのを、三位が手に取ってお吹きになったところ、(三位の家を)出て立ち去っていた泥棒が遠くからこれを聞いて、(あふれる)感情をおさえられず(三位の家に)帰って来て言うことには、「ただ今の(あなたの)お篳篥の音をお聞きするに、しみじみとすばらしくございまして、悪い心がすっかり改まりました。盗んだものはすべてお返ししましょう」と言って、(盗んだものを)みな置いて出て行った。昔の泥棒は、またこのような優美な心もあったのだ。

9 機転を利かす

48～53ページ

古文でかくにん① 解答

49ページ

1 ア

2 ア

3 小児

解説

1 直前に「一人ありける小児に食はせずして」とあるので、坊主は飴を小児に食べられたくなかったのです。

2 ——線②と同じような内容に「食はばや」があります。古文中に出てくる食べるものは「飴」です。

3 坊主が出かけているすきに、飴を食べ、水瓶を割ったのは、小児です。

現代語訳 ある寺の坊主は、けちであったが、飴をもっていて一人だけで食べた。ちゃんと片づけて、棚に置いていたのを、一人いた小児には食べさせないで、「これは人が食ってしまうと必ず死ぬものだぞ」と言ったが、この児は、ああ食べたい食べたいと思っていたが、(あるとき、)坊主が出かけているすきに、(児は)棚から(飴を)取り下ろしたときに、こぼして、小袖や髪につけてしまった。ふだんほしいと思っていたので、二、三杯しっかり食べて、坊主が大切にしていた水瓶を、雨だりの石に当てて、割っておいた。

古文でかくにん② 解答

50ページ

1 イ

2 ウ

3 飴・死ぬ

解説

1 直前に注目しましょう。「大事の御水瓶を、あやまちに打ち割りて」とあります。

2 ——線②と思ったため、食べたら死ぬと言われていたものを食べたと言い訳したのです。

3 児が語った内容はすべて、飴を食べた言い訳です。坊主が大事にしていた水瓶を割ってしまったため、「食べたら死ぬ」と言われていたものを食べて死のうとした、というその事情をでっち上げたのです。

現代語訳 (小児は)「大事にされていた御水瓶を、まちがって割りましたときに、どのようなおしかりがあるだろうかと(思うと)、残念に思って、生きていてもしようがないと思って、人が食べると(必ず)死ぬとおっしゃいました物を、一杯食べたけれど死なない、二、三杯まで食べましたけれど全く死なない。最終的には小袖につけ、髪につけましたが、まだ死にません」と言った。(坊主にとっては)飴は食われて、水瓶は割られた。けちな坊主には(損ばかりで)得るところがない。児の知恵はすばらしいものだった。

練習問題① 解答 52ページ

1 主

2 ウ

3 イ

解説

1 直前で「この主、いかばかり嘆き求むらん」と心配しています。

2 「触る」はここでは、広く知らせる、という意味です。現代でも「触れ回る」などに、この意味が残っています。

3 「さる」は前の内容を受けて、「そんな」という意味です。「一つは隠されたるにや」を受けています。

現代語訳 妻は、心が素直で欲のない人で、「私たちは商売をして生活しているので、不足はない。この持ち主は、どんなに嘆き探していることだろう。気の毒なことだ。持ち主を探して返してください」と言ったので、（男は）「本当にそうだ」と思って、（銀の持ち主を探していることを）広く知らせたところ、持ち主という者が出てきて、これ（＝銀の軟挺）を手に取って、あまりに嬉しくて、「三つ差し上げよう」と言って、まさに分けようとしたとき、思い返して、面倒を引き起こそうとして、「七つあったのに、（今）六つ（だけ）あるのは不思議だ。一つはお隠しになったのか」と言う。（男が）「そんなことはない。もとから六つあったのだ」とうったえるうちに、最終的に、国の守のもとで、これを判断してもらうことになった。

練習問題② 解答 53ページ

1 六つ・七つ

2 ア

3 いみじき成敗

解説

1 52ページで、「七つこそありしに、六つあるこそ不思議なれ」と言っていました。

2 「眼賢しくして」とあるので、国の守は主がうそをついていることはわかっているのですが、主をこらしめ、正直な夫婦が報われる裁きをするために、わざと主を信じたふりをしています。

3 文章の最後に「いみじき成敗（＝すばらしい裁き）」とあります。

現代語訳 国の守は、眼力にすぐれていて、「この主は不実な人だ。この男は正直者だ」と思いながら、不審な点があったので、男の妻をお呼びになって別の場所で、事のくわしい事情をたずねると、夫の言い分に少しもちがっていない。「この妻はきわめて正直な人だ」と思い、あの主が、不実であることは確かであったので、国の守の判定としていうには、「このこと、確かな証拠がないので判断しにくい。ただし、両者とも正直者と思われる。夫妻の言葉に食いちがいはなく、主の言葉も正直に聞こえるので、七つあるような銀（のふくろ）を探して手に入れるのがよい。これは六つ（だけ）なので、別の人のであろう」と言って、六つとも夫妻におあたえになった。宋代の人は、すばらしい裁きだと、広くさかんに褒めたたえた。

まとめのテスト 解答 54〜55ページ

1 朝露

2 イ

3 ア

4 塚

5 ウ

6 例 妻の字で書かれた和歌の内容を見て、墓が妻のものであることがわかったから。

解説

1 「雨や漏りぬるか」とあるので、水滴がかかっていたことはわかりますが、月が出ているので雨は降っていません。文章中で水滴を表すのは「朝露」です。

2 「荻・薄」と「生ひ出でて」は主語と述語の関係なので、「が」を補うことができます。

3 「屋根は風にまくられて」とあり、屋根はないので、雨漏りはしません。

4 塚を目の前にして思っていることなので、「ここもと」は「塚」を指します。

5 「三十一文字に末期の心をあはれにも述べたり」とあるので、和歌の内容に注目しましょう。

6 はじめはだれの墓なのかわかりませんでしたが、妻の字で書かれた和歌の内容から、妻の墓だということがわかりました。

現代語訳

午前五時ごろの空が明けていくころ、夢見心地にもなんとなく寒かったので、夜具をかけようと手さぐりする手に、何であろうか(何かが当たり)、さやさやと音がして目が覚めた。顔にひやひやと何かがこぼれ落ちるので、雨が漏れたのかと見てみると、屋根は風にめくり取られているので、明け方まで残る月が白く残っているのも見える。家は扉もあるのかないのか(という状態だ)。すのこ状の床が朽ちて崩れているすきまから、荻や薄が高く生え出ていて、朝露がこぼれ落ちて、袖がぬれてしぼれるほどである。壁には蔦や葛がはびこり、庭は葎に埋もれて、秋ではないけれど(秋の)野原のような(あれた)家であった。それにしても(一緒に)ねていた妻はどこにいったのだろうか(姿が)見えない。

(中略)わが身だけがもとの自分のままでと(古い和歌を思い)、(家を)歩き回っていると、昔寝室であったところの簀子を取りはらって、土を積み上げ墓とし(たものがあり)、雨露を防ぐ設備もある。昨夜の霊はここから(出てきたの)かと恐ろしいが同時になつかしい(気もする)。お供えの水の器がある中に、木の端をけずったものに、那須野紙でとても古くなって、文字もあちこち消えて所々読めなくなった紙が(はってあって、その文字は)まさしく妻の筆跡である。(死後につける)法名というものも(亡くなった)年月も記さないで、和歌に亡くなるときの心をしみじみと述べている。

　それでも(もうすぐ帰ってくるだろう)と思う自分の心にだまされて、よくも今日まで生きてきた命であることよ

ここで初めて妻が死んだことがわかり、大いに叫んで倒れ伏す。

10 ものの見方が個性的

58〜63ページ

古文でかくにん① 解答

59ページ

1 イ

2 ア

3 水

解説

1 アの「卯月（うづき）」は四月、ウの「水無月（みなづき）」は六月の異名です。あわせて覚えておきましょう。

2 状況（じょうきょう）を読み取りましょう。「何事もない様子で草が生いしげっている」のに、「(草の)下には思いもよらないほどの水」があるので、「何事もない様子」とは、「下に水があるようには見えない様子」を表しています。

3 何が「走りあが」るのかを読み取りましょう。人などが歩くと、草の下にある水のしぶきがはね上がるのです。

現代語訳 五月ごろなどに山里に出かけるのは、とてもおもしろい。
草の葉も水もとても青く一面に見えているのに、表面は何事もない様子で、草が生いしげっているところを、長々と縦（たて）に並んで行くと、(草の)下には思いもよらないほどの水が、深くはないが(あり)、人などが歩くと、はね上がるのは、とてもおもしろい。

古文でかくにん② 解答

60ページ

1 ア

2 ウ

3 ウ

解説

1 主な係りの助詞や意味を覚えましょう。「こそ」は、筆者の「いとくちをし」い気持ちを強調しています。

2 状況（じょうきょう）を読み取りましょう。垣根（かきね）の枝を手に取って折れそうだったのに、外れてしまったことが「いとくちをしけれ」＝「とても残念だ」と筆者は思ったのです。

3 文章の流れを読み取りましょう。筆者は、垣根の枝についての話と、よもぎについての話を、それぞれ別々にしています。最後の「をかし」という感想はよもぎについて述べたものです。

現代語訳 左右にある垣根にある何かの枝などが、牛車（ぎっしゃ）の人が乗る部分などに入ってくるのを、急いでつかんで折ろうとするうちに、すっと通り過ぎてはずれてしまうのは、とても残念だ。よもぎの、牛車(の車輪)に押（お）しつぶされたのが、車輪が回るときに(くっついて持ち上がってきて)、近くに引っかかっているのもおもしろい。

練習問題① 解答

62ページ

1 ちょう

2 ア

3 エ

解説

1 「エ段＋う(ふ)」は、「イ段＋ょう・よう」となります。

2 イの「長月」は九月、ウの「神無月」は十月、エの「霜月」は十一月の異名です。合わせて覚えておきましょう。

3 筆者は、適当なことを言って親が逃げていったのも知らずに、迎えに来ると言っていた秋の八月頃に親を呼びながらけなげに待ち続けるみのむしの様子を「あはれ」と感じています。

現代語訳 虫は、鈴虫。ひぐらし。ちょう。松虫。きりぎりす。はたおり。われから。ひおむし。蛍(が趣深い)。

みのむしは、とてもしみじみとした趣がある。鬼が生んだので、親に似て、これ(＝みのむし)もおそろしい心があるだろうというので、親が粗末な着物を着せて、「すぐ、秋風が吹くようなときにむかえに来るつもりだ。待っているんだよ」と言いおいて、逃げていったのも知らず、風の音を聞いて(秋を)理解して、八月ごろになると、「ちちよ、ちちよ」と心細そうに鳴く。大変しみじみとした趣がある。

練習問題② 解答

63ページ

1 ①あいぎょう ②ろうたげなり

2 あり

3 エ

解説

1 ①② 「ア段＋う(ふ)」は、「オ段＋う」となります。

2 主語の省略に注意しましょう。「いとにくけれど」「かろびいみじうて」「歩みに歩みありく」の主語はすべて「あり」です。

3 文章の内容を読み取りましょう。筆者は「はへ」と「あり」のどちらもいやな物として考えていますが、「あり」は、その身軽さや水の上を歩き回る様子をおもしろいと感じています。

現代語訳 はえこそはいやな物のうちに当然入れてしまうべきで、(これほど)愛らしさのないものはない。一人前の相手としてかたきなどにするべき物の大きさではないけれど、秋などにあらゆるものにとまり、顔などに濡れた足でとまるなどよ。人の名前に(はえと)ついているのは、とてもいやだ。

夏虫は、とてもおもしろくかわいらしい様子だ。(ともし火の)火を近くに取り寄せて物語などを読んでいるときに、本の上などに飛び回るのは、とてもおもしろい。

ありはとてもいやだけれど、身軽さはすばらしくて、水の上などをただひたすらに歩き回っているのはおもしろいことだ。

11 生き方の知恵を語る　64〜69ページ

古文でかくにん① 解答　65ページ

1 イ

2 ア

3 多年の非

解説

1 何かをしようという心は、何かしらの物事に触れることで起こると筆者は考えているので、かりそめにもよくない遊びごとをしたら、本格的にやりたくなってしまうから、してはならないといっているのです。

2 経典を開きさえすれば、見るつもりがなくても、前後の経文も見えるのだと筆者はいっています。

3 筆者は「多年の非」を経文を開かなかったら知ることができただろうか、と述べています。

現代語訳　筆を手に取ると(自然と)物が書かれ、楽器を手に取ると(自然と)音をたてようと思う。さかずきを手に取ると酒を(飲もうと)思い、さいころを手に取ると賭け事をしようと思う。(何かしようという)心は必ず物事に触れて起こる。かりそめにもよくない遊びをしてはならない。ちょっとでも仏教の経典の一句を見ると、何となく前後の経文も見える。思いがけず急に長年のまちがいを改めることもある。かりに今、この経文を開かなかったとしたら、このまちがいを知るだろうか。これがつまり、(物に)触れるということの効果である。

古文でかくにん② 解答　66ページ

1 散乱の心ながらも

2 ア

3 ウ

解説

1 筆者は「怠るうちにも、善業おのづから修せられ」、「散乱の心ながらも……禅定成るべし」という、形から入っても身につくものがあるという例を二つ挙げています。

2 「(自然にそう)思われる」という意味の「覚ゆ」を否定している形なので、「思いがけずに」となります。

3 仏道修行は形から入ってもよい結果を得られるという例を二つ挙げた筆者は、「しひて不信を言ふべからず。仰ぎてこれを尊むべし」と文章をまとめているので、ウが正解です。

現代語訳　信仰心が少しも起こらなくても、仏前にいて数珠を(手に)取り、経文を(手に)取ると、いい加減にしていても、よい行いが自然と修められ、乱れた心のままでも、座禅用のいすに座れば、思いがけずに禅定の境地になるだろう。(仏教において)現象と真理はもともと二つのものではない。外部に現れた姿がもし(仏教の教えに)背かなければ、内心の悟りも必ず成熟する。(形だけだからと)一概に不信心だと言ってはいけない。敬ってこれを尊いものと(して大事に)するべきである。

練習問題① 解答

68ページ

1 ア

2 エ

3 ウ

解説

1 「そらごと」が、年月を経て場所も隔てられ、文字にも書きとめられて……とするうちに、定説となってしまうことを指しています。

2 「神のごとく」とほめているので、「すばらしい」という意味だとわかります。

3 うわさに聞くときと実際に見るときとでは、何につけてもちがうものだと言っています。

現代語訳 世の中で語り伝えていることは、真実はつまらないのだろうか、多くはみなうそである。（事実として）あるもの以上に人は物事を強調して言ううえに、まして、年月が過ぎ、場所も（遠く）隔たってしまうと、言いたいように（うその話を）語って、文字にも書きとめてしまうと、すぐにまた（そのまま）定説になってしまう。それぞれの（専門の）道の達人のすぐれていることなどを、教養がない人で、その道をわかっていない人は、やたらに神のように言うけれども、その道をわかっている人は少しも信じる気も起こさない。うわさに聞くのと実際に見るときとでは、何ごともちがうものである。

練習問題② 解答

69ページ

1 イ

2 さもなかりしものを

3 ウ

解説

1 すぐに根拠のないことだと「わかる」という意味です。

2 自分ひとりが「さもなかりしものを」と言おうとしても、という文脈です。

3 「我がため面目あるやうに言はれぬるそらごとは、人いたくあらがはず」とあります。自分にとって名誉となるようなうそであれば、人は否定しないのだと筆者は考えているのです。

現代語訳 （話している）そばからばれてしまうのも気にせず、口にまかせて言い散らすのは、すぐに根拠がないことだとわかる。また、自分でも事実らしくないとは思いながら、人の言ったとおりに、鼻のあたりをひくひくさせて（得意げに）話すのは、その人の（作った）うそではない。いかにも本当らしく、ところどころぼかして、よく知らないふりをして、それでありながら、つじつまをあわせて語るうそは、おそろしいことである。自分のために名誉になるように言われたうそは、人はあまり否定しない。みんながおもしろがるうそは、（自分）ひとり、「そうでもなかったのに」と言おうとしても仕方がないので、聞いているうちに、（その話の）証人にまでされて、いっそう定説になってしまうだろう。

12 過去に学ぶ

70〜75ページ

古文でかくにん① 解答

71ページ

1 イ

2 火

3 ア

解説

1 火事が起こったと聞いて道具を井戸の中に入れたので、道具が焼けないよう守るためだと考えられます。

2 会話の流れを読み取りましょう。傍線部の「遠きも」は、直前の「火のかく遠き」という人の発言内の言葉を受けた表現です。

3 文章の流れを読み取りましょう。人から「火事は遠い」「こちらへは来ない」と言われても、もしもの場合を想定して念入りに用心し続ける男を笑っているので、正解はアです。

現代語訳 （ある男が、）どこかで火事が起こっていると聞いて、身の回りの道具などを、縄に結びつけて井戸の中に入れた。水に入れにくいものは、袋のようなものに入れて、そばにはなさず置いた。「火事はこんなに遠いのにどうしてそのようになさるのか」と言うと、「焼けていけば遠いところの火事も近くになるだろう」と言う。「風向きがよいので、こちらへはこないだろう」と言うと、「風向きが変わればそんなことはないだろう」という。（周りの）人はみんな笑った。

古文でかくにん② 解答

72ページ

1 ウ

2 かのをのこ

3 ア

解説

1 笑われていた男が役に立つ場面ということから考えます。「したりがほ」は「してやったり」という得意げな顔です。

2 一度出てきた主語は省略されることが多いので注意しましょう。

3 文章の流れを読み取りましょう。用心深さを人から笑われていた男ですが、いざというときになって、その準備が役に立ちました。「準備をしておけば、いざというときに心配がないということ」という意味の「備えあれば憂いなし」が正解です。

現代語訳 その男が、得意げな顔で、「貸してあげましょう」と言って、あの縄を引き寄せると、はさみや、くしなどといったものを引きあげた。また袋の中から、食器などを出しながら、「ふだんから人に笑われなければ、どうしてこのようなときに名誉に思えるだろう」と言ったのを、「（なるほど）その通りだ」と言った人がいたということだ。

練習問題① 解答

74ページ

1 適従録

2 もし先生弁ぜずんば我その任にあたらん

3 イ

解説

1 門人は、『適従録』を持ってきて仁斎先生に示したのです。

2 発言の目印になる「言ふ」、「……と。」に注目しましょう。「言ふ」と「……と。」にはさまれた部分が発言の内容です。

3 門人は仁斎先生に「弁駁を作らんこと」（＝反論すること）を勧め、もし先生が反論しないなら、代わりに自分が反論しようと言ったのです。

現代語訳 仁斎先生が生きていたとき、大高清助という人が、『適従録』という書物を書いて大いに先生を批判した。弟子がその書物を持ってきて（先生に）見せ、すぐにこれへの反論をすることを勧めた。先生は微笑して何も言わなかった。その弟子が怒ってつぶやいて言う（ことには）、「もし先生が反論しないならば私がそのつとめにあたりましょう」と。

練習問題② 解答

75ページ

1 ウ

2 例 反論

3 ウ

解説

1 ここでは、仁斎先生が門人に向かって、自分と大高清助について話をしています。

2 正しいことはすぐ世の中に知れ渡る。だから、反論する必要はないのだと言っています。

3 仁斎先生は、〝彼（＝大高清助）の考えが正しいなら自分がまちがいを改めよう、自分の考えが正しいならそれはすぐ世の中に知れわたるので、反論するまでもない〟と言っているので、自分の意見が他者にどう思われているかよりも、学問的な正しさを重視しているとわかります。

現代語訳 先生が静かに言ったことには、「彼（の考え）が正しいならば私はまちがいを改めて彼の正しさに従おう。もし私（の考え）が正しくて彼がまちがっているならば私（の考え）が正しいことはすぐに世の中に知れわたる。もとから反論するまでもない。長い時間がたって彼もまた自分でそのまちがいを知るだろう。あなたはただ自分自身で（学問を）身につけなさい。他人を気にしてはいけない」と。先生の寛大な心は、だいたいこのような感じであると、ある人が語った。

13 歌にこめられた思い

76～81ページ

古文でかくにん① 解答

77ページ

1 A＝四　B＝三

2 ア

3 ウ

解説

1 傍訳も参考にして、意味がどこで切れるのかに注目しましょう。

2 〝あなたに会わないでいるうちに、私の背丈は大きくなった〟ということを、順番を逆にして表現しているので、倒置法です。

3 どちらの和歌も、幼かったころの自分と今の自分を比べて大人になったことを表現しつつ、おたがいを思う気持ちを伝えています。

現代語訳　さて、このとなりの男のところからこのように和歌を詠んできた、

昔井筒と比べて遊んでいた私の背丈も、井筒をこえてしまったようだなあ。あなたに会わないでいるうちに（＝今は大人としてあなたに会いたい）。

女が、返事（として詠んだ和歌）、

あなたと長さを比べ合っていた振り分け髪も肩をすぎるくらいに長くなった。あなたでなくてだれのためにこの髪をあげましょうか。

などと和歌の贈答を続け、とうとう願ったとおりに二人は結婚した。

古文でかくにん② 解答

78ページ

1 ウ

2 よわ

3 イ

解説

1 「たつ」に、同じ音の「（波が）たつ」と「龍田山」の二つの意味を重ねているので、掛詞です。

2 「は」を「わ」に直します。

3 古語の「かなし」には、「いとおしい」や「痛ましい」などの意味があります。ここでは、新しい妻のもとへ出かけて行った男のことを心配する和歌を女が詠んでいるのを男が聞いており、その後新しい妻のもとへは行かなくなったとあるので、女のことがいとおしくなったと考えられます。

現代語訳　この女は、とても念入りに化粧をして、物思いにふけって、

風が吹くと沖の白波がたつ、その「たつ」の名をもつものさびしい龍田山を、夜中にあなたはひとりでこえているのでしょう。

と詠んだのを聞いて、（男は）この上なくいとおしいと思って、河内（の国にいる新しい妻のところ）へも行かなくなってしまった。

練習問題① 解答

80ページ

1 なむ

2 ア

3 イ

解説

1 主な係りの助詞と意味を覚えましょう。「なむ」は結びの語が連体形になり、強意を表します。

2 状況をおさえましょう。月がきれいに見える明け方で、水底に月があるということなので、海に月の光が映っている様子です。

3 「ひさかたの」のように、特定の語の前に置いて調子を整える語を枕詞といいます。

現代語訳　曇っていた雲がなくなって、夜明けの空に残った月が本当に趣深いので、船を出してこいでゆく。ところで、雲の上も海の底も、同じように月があった。なるほど、昔の男は、「さおは波の上に映る月をつきさし(て水をかき)、船は海に映る空をおさえつけ(て通)る」とはいったのだろう。いい加減に聞いたのだ。
また、ある人が詠んだ歌、
　水底の月の上をこぐ船のさおにさわるのはかつらなのだろう
これを聞いて、ある人が詠んだ(歌)、
　水に映る月の光を見ると波の底にも空があり、その空をこいで渡る私は(ちっぽけで)物悲しいものだ

練習問題② 解答

81ページ

1 たわぶれに

2 イ

3 イ

解説

1 「は」を「わ」に直します。

2 「いく」と「ふみ」に、同じ音の二つの意味をそれぞれ重ねているので、掛詞です。

3 文章の内容を読み取りましょう。定頼の中納言は、小式部の内侍が母親である和泉式部の力を借りないと和歌を詠めないだろうとからかいましたが、小式部の内侍は自分で見事な和歌を詠みました。定頼はそれにおどろいて返歌を詠めずに逃げたのです。

現代語訳　和泉式部が、藤原保昌の妻として丹後の国へ行っていたところに、京都で歌合わせがあったときに、小式部の内侍が、歌合わせの和歌の詠み手に選ばれて(和歌を)詠んだのを、定頼の中納言が、ふざけて小式部の内侍に、「(和泉式部のいる)丹後の国へ(助けを求めに)行かせた人は、もう帰ってきましたか」と言って局の前を通りなさったのを、小式部の内侍は、御簾から半分だけ体を出して、(定頼の着ている)服の袖をつかんで、
　大江山、生野(と丹後の国)へ行く道のりは遠いので、私はまだ天の橋立を踏んだことはないし、母からの文なども見ていない
と詠みかけた。(定頼は)思いがけずにおどろくばかりで、「これはどうしたことか」とだけ言って、返歌も詠むことができず、袖を引きはずしてお逃げになった。

まとめのテスト 解答

82〜83ページ

1 したがはむ

2 いもうとのあり所

3 例自分の居場所を言わないでほしいということ。

4 なむ

5 ア

6 掛詞

解説

1 手紙の範囲は、発言の範囲と同じように考えます。目印になる「……と」に注目しましょう。

2 文章の流れを読み取りましょう。筆者は自分の居場所を隠していました。則光は以前、筆者の居場所を聞かれたときに海藻を食べてごまかしましたが、今度こそは筆者の居場所を隠していられないと言っています。

3 後に筆者は則光に和歌で答えを教えようとしています。「海藻を食べてごまかした」というエピソードをふまえ、自分の居場所を言わないでほしい、という意味をこめたのです。

4 強調を示す係りの助詞「なむ」がふくまれています。

5 則光は筆者が送った海藻の包みを不思議な物だと考えているので、筆者の意図が伝わっていないのだとわかります。

6 「そこ」と「めをくはせ」に、同じ音の二つの意味をそれぞれ重ねているので、掛詞です。

現代語訳

みんな寝ているので、明かりを(近くに)寄せて(手紙を)見ると、「明日は経文を読む会の最終日で、宰相の中将が、宮中にこもりなさる。『いもうとの居場所を言え、いもうとの居場所を言え』と責められるので、どうしようもない。もはやお隠し申し上げられないだろう。こうこうですとお聞かせするべきでしょうか。どうだろう。おっしゃることにしたがおう」と言って(=書いて)ある。返事は書かないで、海藻を一寸(約三センチメートル)くらい紙に包んで送った。

さて、後に(則光が)来て、「昨夜は責め立てられて、やたらとあちこちにお連れして歩き回った。細かく責めるので、本当につらい。さて、どうしてあんなふうにお返事がなく、つまらない海藻の端を包んでくださったのか。不思議な包み物だ。人のところにそのような物を包んで送ることがあるだろうか(いや、ないだろう)。取りちがえたのか」と言う。まったく意味を理解していないのだとわかり不快なので、物も言わずに、硯箱に入れてある紙の端に、

　水中にもぐる漁師のように身を隠している私の居場所をどこそこ(底)とさえ絶対に言うなと、海藻を食べてだまっていてと目くばせしたのでしょう。

と(和歌を)書いて差し出したら、「和歌をお詠みになったのか。絶対に拝見しません」と言って、(扇で)あおいで(紙をこちらに)返して逃げていった。

★⑭～⑮の漢文の現代語訳は本文中にあります。

14 漢文のきまり

86～87ページ

練習問題 解答 87ページ

1 イ

2 以ツテ二五十歩ヲ一笑ハバ二百歩ヲ一

3 直だ百歩ならざるのみ

解説

1 漢文に訓点（返り点、送り仮名、句読点）がついているものは、訓読文です。

2 「以」「笑」はそれぞれ「五十歩」「百歩」と二文字以上に返って読むので、一・二点を使います。

3 「不」に二点がついているので、「百歩」のあとに読みます。また、「耳」は日本語の助詞に当たるので、書き下し文では平仮名にします。

15 漢詩の種類と表現

88～89ページ

練習問題 解答 89ページ

1 七言絶句

2 楼・州・流（順不同）

3 対句なし

解説

1 一句が七字で、四句の漢詩は「七言絶句」です。

2 音読みにすると、「楼（ロウ）」「州（シュウ）」「流（リュウ）」とウの音になります。

3 この詩には組み立てや意味が対になっている句はありません。このように、対句がない漢詩もあります。

16 そして故事成語が生まれた

92～97ページ

漢文でかくにん 解答 93ページ

1 竜

2 説者能ク無クバレ嬰ルルコト二人主之逆鱗ニ一

3 ウ

解説

1 ――線①の前の部分では、「竜」について説明されています。後の部分の「喉下」は「竜」の喉元を指しているとわかります。

2 二点が付いた「嬰」から一字上に返るので、「無」にはレ点を付けます。「之」は助詞なので、書き下し文では平仮名になります。

3 竜が逆鱗にふれた者をおこって殺してしまうことから、「目上の人を激しくおこらせる」という意味の故事成語になりました。

現代語訳 あの竜という動物は、おとなしいときは飼いならして乗ることができる。けれども、その喉元に逆さに生えたうろこで直径一尺ほどのものがある。もし人でこれに触れる者がいたならば、（竜は）必ずその人を殺してしまう。君主にもまた逆鱗がある。（君主に）意見を述べる者は、君主の逆鱗に触れないようにできれば、（その意見の成就は）近いだろう。

漢文でかくにん 解答

95ページ

1 御

2 進むを知りて却くを知らず

3 ア

解説

1 前の部分に、「御（＝御者）に問ひて曰はく」という荘公の質問があります。よって、それに「対へ」たのは「御」であると分かります。

2 「而」は置き字なので読みません。「不」は助動詞に当たる字なので、書き下すときは平仮名で書きます。

3 かまきりが大きな車に立ち向かうことから、「弱者が（自分の力量をかえりみずに）強者に立ち向かう」という意味の故事成語になりました。

現代語訳　斉の荘公が猟に出かけた。（その道中に）一匹の虫がおり、足を挙げて今にも（荘公が乗った馬車の）車輪をたたこうとする。（荘公が馬車の）御者にたずねて言った、「これは何という虫か。」と。（御者が）答えて言った、「これはいわゆるかまきりというものです。その虫は、（前に）進むことは知っていますが、（後ろに）退くということを知りません。（自分の）力量をかえりみないで敵を軽く見ているのです。」と。荘公が言うことには、「これが人であったならば必ず天下の武勇者となったにちがいない。」と。（そして）車を迂回させて、かまきりをさけた。

練習問題① 解答

96ページ

1 養ヒテレ之ヲ成スレ群ヲ

2 ②怒　③喜

3 イ

解説

1 一つ上の文字に返る場合はレ点を付けます。送り仮名は、書き下し文をよく見て正確に付けましょう。

2 ②・③の後の部分にそれぞれ注目すると、狙たちは②では「怒」り、③では「喜」んでいるのがわかります。

3 狙たちのようすから、「目先のちがいにとらわれて、実際は同じであることに気がつかないこと」という意味の故事成語になりました。

現代語訳　宋に狙公という者がいて、さるを愛し、これを養って（さるが）群れをなしていた。（狙公は）さるの気持ちを理解でき、さるもまた狙公の心をつかんでいた。その（狙公は自分の）家族の食べ物を減らして、さるの食欲を満たしていた。（ところが）まもなく貧乏になってしまった。（そこで）さるのえさを制限しようとした。（狙公は）さるたちが自分になつかなくなるのを恐れ、まずこれ（＝さるたち）をだまして言った、「お前たちにどんぐりの実を与えるのを、朝に三つ夕方に四つにしようと思う。足りるか。」と。（すると）さるたちは皆立ち上がっておこった。（そこで狙公は）すぐに言った、「お前たちにどんぐりの実を与えるのを、朝に四つ夕方に三つにしようと思う。足りるか。」と。さるたちは皆ひれ伏して喜んだ。

練習問題② 解答 97ページ

1 石に漱ぎ流れに枕せん

2 歯・耳

3 ア

解説

1 会話文の後にある「と」は、引用の助詞であり、発言内容ではないので書かないように気をつけましょう。

2 孫子荊は「流れに枕する所以」は「耳を洗はん」とするため、「石に漱ぐ所以」は「歯を礪がん」とするためと言い訳をしています。

3 孫子荊が言いまちがいをごまかしたことから、「自分の失敗を認めずに言いのがれること」「負けおしみの強いこと」という意味の故事成語になりました。

現代語訳 孫子荊は、若いときに、隠棲しようと思っていた。(それを)王武子に語ったときに、当然「石を枕にして川の流れで口を漱ぐ(ような生活をする)つもりだ」とすべきところを、「石で口を漱ぎ川の流れを枕にしようとする」とまちがえて言ってしまった。(すかさず)王武子が言った、「川の流れは枕にすることができ、石は口を漱ぐことができるのか」と。(すると)孫子荊が言った、「川の流れを枕にする理由は、(俗事を聞いて汚れた)耳を洗い清めようとするためである。石で口を漱ぐ理由は、(俗物を食べて汚れた)歯をみがこうとするためである」と。

17 先人の教え 98〜103ページ

漢文でかくにん① 解答 99ページ

1 必ズ不シテレ得レ已ムヲ而去ラバ

2 ア

3 子

解説

1 「必」の後は「已」→「得」→「不」と一字ずつ返って読むので、「不」と「得」にレ点をつけます。

2 ――②の前の部分では、孔子が政治で大切なことについて説明しており、「食料を十分にする」「人民に信義の心をもたせる」「軍備を十分にする」という三つのことがらを挙げています。

3 前の部分に、「子貢曰はく」という子貢の質問があることや、直後で「兵を去らん」という質問に対する回答があることから、「子」(孔子)の行動だということがわかります。

現代語訳 子貢が政治について質問した。先生はおっしゃった、「食料を十分にし、軍備を十分にし、人民に信義の心をもたせることだ。」と。子貢は(さらに)言った、「どうしてもやむを得ず捨てるとしたら、この三つの中でどれを先に捨てますか」と。(先生は)おっしゃった、「軍備を捨てよう。」と。

漢文でかくにん② 解答

100ページ

1 食・信（順不同）

2 古より皆死有り

3 食・信（順不同）
信

解説

1 後の部分に、「食を去らん」「民信無くんば立たず」という孔子の回答があることから、この二つのことがらを指していることがわかります。

2 「自」は「より」と読み、助詞に当たる字なので、書き下すときは平仮名で書きます。

3 子貢の政治についての質問に対し、孔子は「食料を十分にし、軍備を十分にし、人民に信義の心をもたせること」という三つのことがらを挙げ、最も重要なのは、「信義の心」であり、それがなければ政治は成り立たない、と回答しています。

現代語訳 子貢は（重ねて）言った、「（さらに）どうしてもやむを得ず捨てるとしたら、（残った）この二つの中でどちらを先に捨てますか。」と。（先生は）おっしゃった、「食料を捨てよう。（食料があったとしても）昔からだれにでも死は訪れる。（しかし）人民に信義の心がなければ（政治は）成り立たないのである。」と。

練習問題① 解答

102ページ

1 虞・芮の人

2 争・譲

3 ア

解説

1 周の光景を見た「虞・芮の人」は、まだ西伯に会わないうちに、「恥ずかしく思った」のです。

2 虞・芮の人が土地争いをしている一方で、周の国では、農業をしている人々が畔を譲り合っていて、年長者に譲るならわしがありました。譲り合いの精神を大切にする周の光景を見て「虞・芮の人」は争い合う自分たちを恥ずかしいと思ったのです。

3 西伯が治めている周は、人々がみな譲り合いながら暮らしていることをふまえると、アが正解です。

現代語訳 （周の）領地に入ると、農業をする人はみな畔を譲り合い、民のならわしではみな年長者を（尊重して）譲っていた。（これを見た）虞・芮の人は、まだ西伯に会わないうちに、みな恥ずかしく思いたがいに言い合った、「自分たちが争っていることは周の人々が恥ずかしい（と思う）ことだ。どうして（裁決を求めに）行けるだろうか。ただ恥をかくだけだ。」と。そのまま帰ってたがいに（争っていたことを）譲り合って去った。諸侯はこれを聞いて言った、「西伯は思うに（天から）使命を受けた君主である」と。

練習問題② 解答

103ページ

1 青ハ取リテ㆓之ヲ於藍ヨリ㆒、而青ク㆓於藍ヨリモ㆒

2 エ

3 ア

解説

1 「於」「而」という置き字が二つあるので注意しましょう。

2 「君子曰はく」の後の会話文に注目すると、青色は藍の草から取るが、藍の草の色よりも濃く、氷は水からできるが、水よりも冷たいということが述べられています。よって、もとのものよりも性質の程度が強くなったことを表しています。

3 君子が「学は以つて已むべからず」と述べていることから、学問をやめずに努力し続けることが大切だということを伝えたいとわかります。

現代語訳 君子は言った、「学問は途中でやめてはならない。青色はこれを藍の草から取り出すものだが、藍の草よりも青く、氷は水からこれができるものだが、水よりも冷たい。」と。君子は広く学んで、一日にわが身を何度も振り返るならば、知恵がはっきりとついてきて（行動にも）過ちがなくなるものである。

18 風情にひたる

★漢文でかくにん①・②の現代語訳は本文中にあります。 104～109ページ

漢文でかくにん 解答

105ページ

1 ウ

2 散ジテ入リテ㆓春風ニ㆒満ツ㆓洛城ニ㆒

3 イ

解説

1 一句が七字で、四句の詩なので、七言絶句です。

2 「春風」「洛城」と二字以上飛ばして返るので、一・二点を使います。

3 第三・四句目で、「折柳（＝折楊柳）」を聞」いて、「故園の情」（故郷を懐かしむ気持ち）を起こした、とあるので、この内容に当てはまるイが正解です。

漢文でかくにん 解答

107ページ

1 ア

2 白（色）

3 ア

解説

1 一句が五字で、四句の詩なので、五言絶句です。

2 第三句（転句）に「是れ（＝梅）雪ならざるを」とあるため、梅の花が雪と似ていることがわかります。よって「白（色）」が正解です。

3 第四句では「暗香の来たる」で梅の花の香りがただよっているという点を表現しています。このことが書かれているアが正解です。

練習問題① 解答

108ページ

1 イ

2 ア

3 イ

解説

1 一句が五字で、八句の詩なので、五言律詩です。

2 対句とは、組み立て・意味が対になる二つの句を並べる表現技法です。律詩の場合は、第三・四句と、第五・六句が必ず対句になるという決まりがあります。

3 第七・八句で、「何れの時か」李白と「文を論ぜん」と書かれています。

現代語訳 春の日、李白のことを思う　杜甫

李白よ　(君の)詩にかなうものはない
何事にもとらわれないその発想は　他に並ぶものがない
(その詩の)新鮮さは(かの)開府の庾信(のようである)
(その)才能の非凡さは(かの)参軍の鮑照(のようである)
渭水の北で春の木々(を見るわたし)
江東の地で日暮れの雲(を見る君)
いつの日か酒樽を前に
再び一緒に詩をくわしく語り合いたいものだ

練習問題② 解答

109ページ

1 事・帰・衣・菲・微　〔順不同〕

2 欲シテレ去ラント　惜シム二芳菲ヲ一

3 イ

解説

1 押韻を見つけるときは、句末の漢字を音読みにして、同じひびきになっているものを見つけていきます。ここでは、順に「ジ・キ・イ・ヒ・ビ」と、すべてイ段の音になっています。

2 「去」→「欲」は一字上に返るのでレ点、「菲」→「惜」は二字上に返るので、一・二点を使います。

3 イは、「月は手に在り」と「香は衣に満つ」の解釈がまちがっています。水をすくった手の水面に、空にある月が反射して映っていて、花をなでると香りが服をつつむのです。

現代語訳 春山の夜月　于良史

春の山は美しい景色が多い
楽しんでいると夜帰るのを忘れてしまう
水をすくうと月は手の中にあり
花をなでれば香りが衣服をつつむ
夢中になって遠くまで(歩いていき)
立ち去ろうとすると草花の美しさや香りに引きとめられる
(夜が明けて)南の方で鐘が鳴るところを見ると
寺院の楼閣が緑につつまれた山の中腹深くにある

まとめのテスト 解答 110～111ページ

1

1 例 船に同じく乗って川を渡るときに突風に遭遇したならば、たがいに助け合う

2 其の首を撃てば則ち尾至り

3 イ

2

1 エ

2 亦曾テ騎ルレ馬ニ詠ジキ二紅裙ヲ一

3 例 なつかしんでいる。

解説

1

1 傍線部のあとの、呉の人と越の人の行動に注目してまとめましょう。

2 一・二点の付いた字の読み方に注意しましょう。

3 呉と越という仲が悪い国の人どうしが同じ船に乗り合わせることから「仲の悪い者どうしが同じ場所に居合わせること」という意味の故事成語になりました。

2

1 一句が七字で、八句の詩なので、七言律詩です。

2 「騎」の左下にレ点、「詠」の左下に二点、「裙」の左下に一点をつけます。

3 第四句に「雪月花の時最も君を憶ふ」とあることから、江南で「君」と過ごした日々を懐かしんでいることがわかります。

現代語訳

1

上手に軍隊を統率する者は、たとえれば率然のようなものである。率然は、常山にいる蛇のことである。その首を攻撃すると尾が助けに来て、その尾を攻撃すると頭が助けに来て、その胴体を攻撃すると頭と尾の両方が助けに来る。あえて問おう、「軍隊を率然のようにさせることができるか」と。(それに答えて)言う、「可能である。そもそも呉の人と越の人はたがいに憎み合うが、船に同じく乗って(川を)渡り、突風に遭遇したならば、(そこで)たがいに助け合う様子は、左右の手が助け合うようなものである。」と。

2

殷協律に寄す

君とは(江南の地にいた)五年間、楽しく遊んで、同じ日々を過ごしたが

ある日突然、(それは)浮雲のように(はかなく消えてしまった)

管弦と詩作と酒をくみ交わしたお供は私を放り出した

雪の朝、明月の夜または花の季節に君を(最もなつかしく)思う

何度か時を告げる鶏の声を聞き、(朝早くから)白日の歌を歌い、

またかつて馬に乗ってくる美しい歌姫を詩に詠じた

呉の国の(美しい)女性が歌った「夕方の雨はものさびしい」という曲は、

江南から別れて(北地に来て)から、もう二度と聞いていない

2 1 0 9 8 7 6 5 4 3
* * D C B A